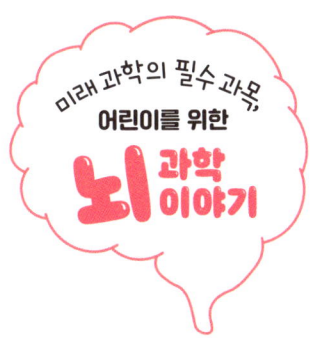

**미래 과학의 필수 과목,
어린이를 위한 뇌 과학 이야기**

초판 1쇄 발행 2024년 4월 20일

지은이 김상현
그린이 박선하
펴낸이 이지은 펴낸곳 팜파스
기획편집 박선희
디자인 조성미
마케팅 김서희, 김민경
인쇄 케이피알커뮤니케이션

출판등록 2002년 12월 30일 제 10-2536호
주소 서울특별시 마포구 어울마당로5길 18 팜파스빌딩 2층
대표전화 02-335-3681 팩스 02-335-3743
홈페이지 www.pampasbook.com | blog.naver.com/pampasbook
이메일 pampasbook@naver.com

값 13,000원
ISBN 979-11-7026-643-3 (73470)

ⓒ 2024, 김상현

· 이 책의 일부 내용을 인용하거나 발췌하려면 반드시 저작권자의 동의를 얻어야 합니다.
· 잘못된 책은 바꿔 드립니다.

미래 과학의 필수 과목, 어린이를 위한
뇌 과학 이야기

김상현 글 | 박선하 그림

팜파스

어린이 친구들에게

"뇌는 우주보다 더 신비롭고 복잡하다."

뇌를 연구하는 분들을 취재하다 보면 이런 말을 많이 듣습니다. 그리고 "사람과 같은 인공지능을 만들려면 인간의 뇌를 완벽히 이해해야 한다. 하지만 그건 우리 세대에서는 불가능하다."라고 이야기하는 분도 있습니다.

도대체 뇌는 어떤 비밀을 꼭꼭 감추고 있기에 이런 이야기들이 나올까요? 정말 인공지능이 사람처럼 생각하고 행동하는 것은 불가능에 가까운 일일까요? 최근에 인기를 끄는 '챗 지피티(ChatGPT)' 같은 생성형 AI를 보면 당장이라도 인간을 똑 닮은 인공지능이나 로봇이 탄생할 것 같은데 말이죠.

우리 뇌가 하고 있는 일을 생각해 볼까요. 지금의 인공지능은 한 가지 일만 할 수 있어요. 챗 지피티는 질문에 대답만 하고 미드저니는 그림을 그리는 일만 하죠. 그런 인공지능에 비해 우리 뇌는 매우 다양하고 많은 일을 한꺼번에 해냅니다. 뇌는 공부하고 생각하고 기억하는 것만 하는 게 아니랍니다. 우리 몸을 움직이게 하고 모든 감각을 조절해 주지요. 여러분이 숨을 쉬고, 밥을 먹으면서 맛을 느끼고, 눈으로 보면서 아름다움을 느끼는 것도 모두 뇌가 하는 일이에요. 심지어 사랑을 느끼는 것도 심장이 아닌 뇌가 하는 일이랍니다.

 뇌는 이 모든 일을 하면서도 전기를 겨우 시간당 20와트(W) 정도밖에 사용하지 않아요. 이세돌 9단과 바둑 대결을 한 알파고는 시간당 약 56킬로와트(kW)를 사용했어요. 그러니까 이세돌 9단보다 에너지를 무려 2천 800배나 사용한 거죠. 알파고는 대국을 하면서 바둑 수만 생각했지만, 이세돌 9단은 그 사이 몸도 움직이고 바둑 말고 다른 생각도 했을 겁니다. 비록 대국에서는 이세돌 9단이 졌지만, 오히려 우리 뇌가 얼마나 효율적이고 신비한 존재인지를 증명하는 대국이었다고 생각합니다.

 이 책을 쓰면서 인간의 뇌는 알면 알수록 신기하고 재미있는 기관이라는 것을 알게 되었습니다. 다른 책을 썼을 때보다 훨씬 많은 책을 읽고 자료를 찾아본 이유도 거기에 있답니다. 그중 정재승 KAIST 교수의 『열두 발자국』이라는 책이 가장 인상 깊어서 여러분께 꼭 추천하고 싶어요. 12가지 강연 내용이 담겨 있는데 단순히 우리 뇌가 어떤 일을 하고 있는지 설명하는 것에서 그치지 않고 그걸 통해서 더 나은 삶을 살아가는 지혜까지 알려 주고 있습니다. 이 책을 읽고 여러분이 뇌와 뇌 과학에 더 관심이 생긴다면 제가 참고했던 책들을 읽어 보셔도 좋을 것 같네요.

여러분 모두 무궁무진한 가능성이 있는 뇌에 대해 관심을 갖고 뇌 과학이라는 흥미로운 분야에 대한 지적 호기심을 키워 나가기를 바랍니다.

김상현

차례

어린이 친구들에게   5

이야기 하나
내 이름은 브레인 탐정이랍니다   10

우리 몸에서 뇌는 어떤 일을 하고 어떻게 생겼을까요?   24
★ 뇌는 신경계를 관장하는 최고 대장 기관이에요   25
★ 하는 일이 다 달라요! 뇌의 구석구석을 살펴보아요   27
★ 뇌파는 무엇일까요? 어떻게 측정할 수 있을까요?   31
★ 개는 사람 말을 알아듣고 생각할 수 있을까요?   33
★ 만일 뇌에 문제가 생긴다면 어떤 일이 벌어질까요?   34

이야기 둘
내 친구들은 세계적인 뇌 과학자들이야!   36

뇌 과학이란 무엇일까요?   48
★ 뇌 과학은 어떻게 발전해 왔을까요?   50
★ 과학 기술의 발전으로 눈부시게 성장하는 뇌 과학 분야들   52
    헌터의 분야, 뇌와 컴퓨터의 만남 · 리나의 분야, 뇌 해석 연구 ·
    케빈의 분야, 뇌 질환 연구
★ 뇌 과학과 관련된 직업은 무엇이 있을까요?   59

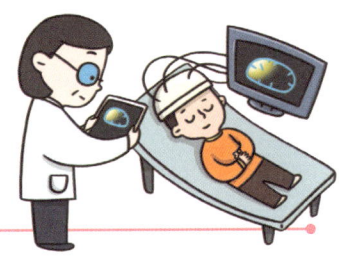

 이야기 셋
전신 마비 환자는 뇌로 이야기한다   62

뛰어난 인간의 뇌와 인공지능에 대해 알아보아요   76
★ 신경 세포에서 벌어지는 일들   77
★ 인간의 뇌를 따라 한 인공지능, 인공지능은 어떻게 학습할까요?   79
　인공지능의 학습 원리, 딥 러닝·생성형 AI란?
★ 정말 리즈처럼 전신 마비 환자도 소통할 수 있을까?   83

이야기 넷
외할머니의 기억 속 브레인 탐정   86

뇌는 기억을 어떻게 저장하고 떠올릴까요?   98
★ 기억과 학습은 내게 맡겨! 해마가 하는 일   99
★ 알츠하이머는 뇌에 어떤 변화를 줄까요?   102
★ 미래의 뇌 과학이 할 수 있는 일들에 대해   104

참고 문헌   106

이야기 하나

내 이름은
브레인 탐정이랍니다

아파트 단지에서 조금 떨어진 상가는 대충 봐도 30~40년은 되어 보이는 4층짜리 건물이었다. 허름한 회색 건물 일층에는 노부부가 운영하는 작은 슈퍼가 있었다. 상가 건물인데도 그 흔한 네온사인은 커녕 제대로 된 간판도 보이지 않았다. 건물 중간쯤 창문이 열려 있었는데 열린 창에는 '레.탐.사.무.소'라고 적혀 있었다.

강아지를 품에 안은 한 여자가 미심쩍은 눈빛으로 상가에 들어갔다. 조심스럽게 3층까지 올라온 여자는 사무실 문 앞에 선다. 굳게 닫힌 철문 옆에 달린 작은 아크릴 간판에 '브레인 탐정 사무소'라고 적혀 있다. 괜한 긴장에 여자는 침을 꿀꺽 삼키고 초인종을 눌렀다.

땡동.

'땡'보다 '동' 소리가 긴 옛날 초인종 소리였다.

땡동, 땡동.

두 번, 세 번 초인종을 눌러도 안에서는 아무런 대답이 없었다. 여자는 답답한 마음에 한 손으로 강아지를 안고 다른 손으로 철문을 두드렸다.

쿵쿵쿵. 문을 두드려도 소식이 없는 건 마찬가지였다.

"뭐야. 아무도 없는 거야? 분명 이 시간에 만나기로 했는데."

약속에 늦을까 봐 일부러 일찍 와서 강아지와 산책까지 하고 왔는데 상대는 약속 장소에 있지도 않았다. 실망이 이만저만이 아니었다.

"탐정이 이렇게 믿음이 안 가는 사람이어서야 일이 되겠어."

여자는 괜한 발걸음을 했다는 생각에 돌아섰다. 간판에 적힌 '브레인 탐정'이라는 말부터가 어린애 장난처럼 느껴졌다. 미련 없이 계단을 내려가려는데, 철커덩하고 잠금쇠가 열리는 소리가 났다.

"누구세요?"

살짝 열린 문틈 사이로 검은색 뿔테 안경을 쓴 남자가 쏙 얼굴을 내밀었다. 여자는 당황했다. 며칠 전 탐정 사무소에 전화를 걸었을 때는 분명 목소리가 좋은 여자 직원이 오늘 3시 미팅을 예약해 주었기 때문이다. 그런데 '누구세요?'라니? 미팅 예약이 탐정에게 전달되지 않았나?

여자는 애써 침착한 얼굴로 말했다.

"오늘 3시에 미팅하기로 한 사람인데요? 탐정님 안에 계신가요?"

"예? 오늘 3시요?"

"네. 여자 직원분이 예약 받으셨어요. 강아지를 데리고 와도 된다고 말씀해 주셨는데."

"혹시 성함이."

"써니라고 합니다."

문 밖에서 길어지는 대화에 강아지를 안은 여자, 써니는 못마땅한 표정을 감출 수 없었다. 남자는 깜짝 놀라 허둥지둥 고개를 숙이며 소리쳤다.

"아니, 오늘 일정 있다고 왜 이야기하지 않았어?"

써니는 남자의 반응에 내심 놀랐다.

'설마 정말 이 사람이 탐정인 거야?'

게다가 남자의 행동은 너무 특이했다. 지금 누구한테 하는 말일까? 설마 혼잣말을 저렇게 큰 소리로 하는 걸까?

'아무래도 나 잘못 찾아온 것 같아.'

허름한 건물에 이상한 남자까지, 이 일을 믿고 맡기기에는 너무 수상한 점 투성이었다. 아직 미팅을 하지 않았으니 아예 의뢰를 포기하는 게 나을까 싶어 써니는 슬슬 뒷걸음질을 쳤다.

바로 그때 며칠 전 전화로 들었던 직원의 목소리가 들렸다.

"탐정님. 아침에 분명히 말씀드렸습니다. 30분 전에도 이야기했고요. 근데 음악 듣고 책을 읽으면서 고새 잊으신 것 아닌가요?"

써니는 깜짝 놀랐다. 목소리는 남자와 자신 사이에서 들렸다. 소리의 근원지를 따라 시선을 내렸더니 거기에는 남자의 팔목에 감긴 손목시계가 있었다.

"이, 이게 대체."

남자는 자기 팔목을 보며 침을 튀어 가며 따졌다.

"30분 전에 이야기했다고? 농담이지?"

"농담이라니요? 3시에 미팅 있다는 말이 농담처럼 들리세요?"

또였다. 분명 손목시계가 남자의 말에 대꾸를 하고 있었다. 써니의 두 눈이 휘둥그레졌다. 놀란 써니는 안중에도 없는지 남자와 손목시계는 '이야기를 했다, 안 했다'로 옥신각신했다.

"저, 저기."

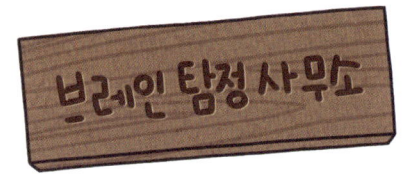

"자꾸 이런 식으로 일하면 곤란해? 미팅은 잘 챙겨 줘야지."

"전 챙겼는데 탐정님이 까먹으셨다니까요?"

써니는 자신을 마치 투명 인간 취급하는 것 같은 남자와 손목시계의 대화에 짜증이 치솟기 시작했다.

"이번 일은 절대 그냥 넘어가지,"

"저기요!!!"

더 이상 참지 못하고 써니가 목소리를 높였다. 날카로운 목소리에 남자가 화들짝 놀라 써니를 보았다.

"저 언제까지 이렇게 서 있어야 하죠? 미팅이 취소된 거면 취소되었다, 가능하면 가능하다 말씀해 주셔야 되지 않나요?"

써니가 조목조목 따지자 남자가 당황스러운 얼굴로 입만 뻐끔댔다. 그때 남자의 손목시계에서 들리던 목소리가 초인종 옆에 달린 스피커에서 들려왔다.

"이런, 정말 죄송해요. 써니 씨. 브레인 탐정사무소에 오신 걸 환영합니다. 저희 탐정님이 자주 까먹는 버릇이 있어요. 한 시간 전에 이야기해도 다른 일에 몰두하면 그냥 잊어버리는 것이 일상이에요. 설마 30분 전에 알려 준 것도 잊었으리라고는 생각 못했어요."

써니는 손목시계며 초인종이 말하는 이 상황이 믿기지 않았다. 게다가 기계에서 들려온 말들은 사람처럼 자연스러웠다. 무엇보다 더 놀라운 사실은 문 앞에 서 있는 남자가 탐정이라는 사실이었다.

남자는 헛기침을 하며 써니를 사무실 안쪽으로 안내했다.

"약속 시간에 맞춰 먼 곳에서 힘들게 오셨는데 못 알아뵈어서 너무 죄송합니다. 제가 브레인 탐정입니다. 이 말대꾸하는 쾌씸한 목소리는 제 인공지능 비서 시냅스랍니다. 분명 손님 오실 때 미리 알려 달라고 했는데 시냅스 녀석도 분명 딴짓을 하고 있었나 봅니다.

첫 만남부터 한심한 꼴을 보여 드린 것 같아 민망하네요."

써니는 브레인 탐정이 권한 소파에 앉았다. 들자 하니 브레인 탐정은 뇌 과학을 바탕으로 수사를 한다더니 비서도 인공지능인 모양이었다.

'인공지능 비서 이름이 시냅스라니, 재미있네.'

써니는 학창 시절 과학 시간에 배웠던 것을 떠올렸다. 시냅스는 뇌 속에 있는 신경 세포에서 다른 신경 세포로 신호를 전달하는 접점 역할을 한다고 배웠다.

'그럼 저 인공지능이 의뢰자와 탐정을 연결해 주는 접점인 걸까?'

써니의 얼굴에 흥미로운 기색이 떠올랐다. 브레인 탐정은 차를 내오면서도 계속해서 시냅스 비서와 실랑이를 하고 있었다. 써니는 사무실 내부를 둘러보았다. 허름하기는 내부도 마찬가지였다. 뭔가 상당히 정신없고 산만해 보일 뿐 특별한 구석은 없었다.

'휘황찬란한 첨단 시설을 갖추고 있을 줄 알았는데…….'

써니 품에 안긴 강아지도 낯선 공간에 긴장했는지 아무 소리도 내지 않고 눈만 대굴대굴 굴렸다.

"찾고 싶은 것이 있다고 하셨죠?"

브레인 탐정은 태블릿 PC와 전자펜을 꺼내 들고 물었다. 써니는 고개를 끄덕였다.

"전화로 말씀 드린 것처럼 지갑을 찾고 싶어서요. 2년 전에 엄마가 돌아가셨는데 저에게 남겨 주신 소중한 지갑이에요. 그런데 며칠 전에 갑자기 사라졌거든요. 아무래도 범인은 '캔디' 같아요."

써니는 강아지를 쓰다듬으면서 이야기했다. 강아지 이름이 '캔디'였다. 써니 말로는 캔디는 엄마가 살아 계실 때도 종종 지갑을 숨겨 두면서 엄마와 장난치는 걸 좋아했다고 한다. 그래서 이번에도 캔디가 지갑을 숨겼다고 생각해 며칠 동안이나 따라다녔다. 그런데도 도저히 지갑을 찾을 수 없었던 것이다.

써니의 엄마는 캔디가 장난으로 지갑을 숨겨 놓아도 항상 잘 찾았었다. 지갑을 숨기고 찾는 것이 둘이 함께하는 놀이나 마찬가지였기에 캔디는 써니가 찾을 때까지 알려 주지 않는 것 같았다.

"캔디야. 지갑 어디 있어? 지갑 가져와."

써니가 애타게 이야기해도 캔디는 큰 눈만 끔뻑거릴 뿐이었다. 며칠을 캔디와 씨름하다가 우연히 SNS 광고에서 '브레인 탐정'을 보고 찾아왔다고 했다. 브레인 탐정은 그 말을 듣고 흠칫 놀랐다.

"언제부터 광고를 했던 거야?"

"탐정님이 워낙 영업을 안 하시니 저라도 해야죠. 손님이 와야 일도 하고 돈도 벌지요."

이번에 목소리가 들린 곳은 탁자 위에 놓인 인공지능 스피커였다. 싸늘한 시냅스의 목소리에 브레인 탐정은 무안한지 헛기침을 하며 태블릿 PC를 들고 써니가 한 말을 메모했다.

"일단 캔디가 '지갑'이라는 단어를 알아듣는지가 중요하겠네요."

브레인 탐정은 턱을 긁더니 자리에서 일어나 컴퓨터에 연결돼 있는 작은 헬멧 같은 장치를 꺼냈다.

"자, 써니 씨. 캔디를 테이블 위에 앉혀 주시겠어요?"

써니는 캔디를 테이블 위에 조심스럽게 내려놓았다. 다행히 캔디는 뒷다리를 접고 얌전히 앉았다. 브레인 탐정은 간식통에서 말린 고구마를 꺼내서 캔디에게 주었다.

"착하다. 캔디."

말린 고구마를 먹는 캔디의 머리를 브레인 탐정이 쓰다듬자 캔디도 기분이 좋은 것 같았다. 브레인 탐정은 말린 고구마를 하나 더 주고는 작은 헬멧 모양의 장치를 캔디 머리에 씌웠다. 캔디는 고구마를 먹느라 정신이 팔렸는지, 헬멧을 씌우는 대로 고분고분 있었다. 오히려 가만히 있지 못하는 쪽은 써니였다.

"이게 뭐죠?"

써니가 고개를 쑥 내밀며 살펴보자 브레인 탐정이 웃으며 말했다.

"아! 미리 설명을 안 드렸군요. 캔디 뇌파를 측정하는 장치예요."

"뇌파요?"

"뇌 속에 있는 신경 세포들이 어떠한 활동을 할 때 전기 신호가 생기거든요. 그걸 뇌파라고 해요. 뇌파는 두피를 통해 측정할 수 있는데, 우리가 어떤 일을 할 때 우리 뇌에 어떤 전기 신호가 생기는지 간접적으로나마 알 수 있지요. 이제 이 장치로 캔디 머릿속에서 어떤 일이 일어나는지 한 번 보려고요."

"강아지는 사람처럼 지능이 높은 것도 아니고, 머리도 작은데 뇌파를 검사해서 나오는 게 있겠어요?"

심드렁한 써니의 말에 브레인 탐정은 빙긋 웃었다.

"머리가 크다고 해서 지능이 무조건 높다고 할 수 없어요. 코끼리는 두뇌 크기가 사람보다 두세 배 정도 크지만 지능은 우리 캔디와 비슷하지요. 오히려 머리 크기가 훨씬 작은 침팬지 같은 동물들이 더 똑똑하죠. 우리 캔디도 머리는 작지만 충분히 똑똑합니다. 그러니까 뇌가 많이 활동할 거고 다양한 뇌파가 발생할 겁니다. 그리고 사실 사람하고 강아지 뇌 구조는 크게 다르지 않습니다. 저 말고도 강아지 뇌파를 측정해서 강아지가 어떤 생각을 하고 있는지 알아낸

사례가 많으니까 우리도 한 번 해보자고요."

써니는 브레인 탐정의 말이 다 믿기지 않았다. 강아지 뇌파로 어떻게 생각을 알아낸다는 건지 미심쩍기만 했다. 그래도 지푸라기라도 잡는 심정으로 브레인 탐정이 하는 걸 지켜보기로 했다. 장치를 다 설치한 브레인 탐정이 신중하게 모니터를 바라보았다.

"이제 캔디가 '지갑'이라는 단어를 알아듣는지 한 번 알아볼게요."

브래인 탐정은 캔디에게 말을 걸었다.

"지갑, 지갑 어딨어?"

그런 뒤 컴퓨터 모니터를 한참 들여다보았다. 같은 행동을 3번 정도 하자 브레인 탐정의 얼굴에 실망의 빛이 깃들었다.

"음. 지갑이라는 단어에는 전혀 반응이 없네요. 뭔가 다른 단어가 필요할 것 같아요."

"다른 단어요?"

의아해하는 써니에게 시냅스가 설명을 더했다.

"지갑을 대신할 말이 없을까요? 어머니께서 캔디에게 지갑이라고 하지 않고 다른 단어로 이야기했을 것 같은데요."

'엄마가 지갑 말고 다른 단어를 이야기했었나?'

써니는 캔디를 쓰다듬으면서 생각에 잠겼다. 이윽고 써니의 머릿

속에 한 단어가 떠올랐어요.

"아! 패스포트! 맞아. 패스포트예요."

써니의 어머니는 종종 지갑을 패스포트라고 이야기하고는 했다. 패스포트는 원래 '여권'을 뜻하는 영어지만, 예전에는 지갑을 패스포트라고 말하는 어른들이 있었다. 써니 어머니도 그랬고.

"패스포트, 패스포트."

브레인 탐정은 캔디에게 '패스포트'라는 단어를 외쳤다. 그러고는 모니터를 한참 바라보더니 이내 빙그레 미소를 지었다.

"이제 집에 가서 캔디에게 '패스포트 어딨어?'라고 말한 다음에 따라가 보세요. 금방 지갑을 찾을 수 있을 거예요."

"네?"

써니는 의심이 들었지만, 확신에 찬 브레인 탐정의 얼굴을 보고 마지못해 고개를 끄덕였다. 캔디를 품에 안고 꾸벅 인사하고 사무실을 나섰다. 브레인 탐정은 흐뭇한 표정으로 써니와 캔디에게 손을 흔들며 배웅해 주었다.

2시간 정도 지났을까? 브레인 탐정 사무소에 전화가 걸려왔다.

"네, 브레인 탐정 사무소입니다."

"탐정님, 탐정님, 지갑 찾았어요. '패스포트 찾아와.'라는 말을 하자마자 캔디가 쌀통 뒤에서 지갑을 물고 왔지 뭐예요. 그런데 대체 어떻게 패스포트가 마법의 단어가 된 거예요?"

전화를 건 사람은 써니였다. 수화기 너머로 들려온 써니의 목소리는 한껏 들떠 있었다. 브레인 탐정은 흐뭇한 얼굴로 말했다.

"보통 강아지는 14개월이 안 된 아기와 단어 처리 능력이 비슷해요. 그래서 아는 단어와 모르는 단어에 대한 반응 차이가 있거든요. 캔디의 머리에 씌운 헬멧으로 뇌에서 나오는 파동을 측정했잖아요. 캔디의 뇌가 어떤 단어에 더 민감하게 반응하는지 알아본 거죠."

"아, 그럼 '패스포트'라는 말에 반응이 나타난 거군요. 그래서 '패스포트'가 마법의 단어일 거라고 감을 잡았던 거고요."

"맞아요. 어머니와 캔디가 간직한 비밀이 하나 풀렸네요. 앞으로도 캔디랑 '패스포트 숨기기'로 자주 놀아 주세요. 캔디도 어머님이 많이 그리울 거예요."

"꼭 그럴게요. 정말 감사합니다. 시냅스도 정말 고마워요."

써니는 들뜬 목소리로 감사 인사를 전하고는 전화를 끊었다. 브레인 탐정의 얼굴에는 자신만만한 미소가 가득했다. 강아지 뇌파를 감지해서 강아지가 숨겨 놓은 물건을 찾아내다니. 브레인 탐정이라는 이름값을 톡톡히 한 것 같아 뿌듯해졌다.

우리 몸에서 뇌는 어떤 일을 하고 어떻게 생겼을까요?

도대체 뇌는 어떻게 생겼고 무슨 일을 하는 걸까요? 우리는 뇌가 우리의 지능, 생각, 학습과 관련된 일을 한다고 알고 있습니다. 흔히 공부할 때 '머리가 똑똑하다'는 말에서 머리는 '뇌'를 의미하지요. 그런데 뇌가 하는 일은 학습만이 아니랍니다. 뇌는 아주 다양한 일을 하고 있어요.

사실 뇌가 하는 일은 물론이고 뇌의 생김새와 구조만 설명해도 이 책 한 권을 다 채우고도 모자랄 만큼 뇌는 복잡한 기관입니다. 아직도 알려지지 않은 부분이 많은 미지의 기관이기도 하지요. 여기서는

여러분이 뇌에 대해 잘 이해할 수 있도록 기본적이면서도 쉽게 이야기해 보려고 해요.

뇌는 신경계를 관장하는 최고 대장 기관이에요

사람의 몸에는 다양한 감각 기관이 있어요. 눈은 시각을, 코는 후각을, 입은 미각, 피부는 촉각을 얻는 기관들입니다. 이 다양한 감각 기관에서 얻은 감각 정보들을 처리해 우리 몸이 알맞게 행동하게끔 명령을 내리는 존재가 있어요. 바로 뇌입니다. 뇌가 지시하는 명령들을 몸의 각 부위에 전달해 주는 통로가 있는데요, 그것을 '신경계'라고 합니다. 다시 말해 뇌는 이 신경계를 이끄는 '최고 대장'이라고 할 수 있어요.

신경계는 크게 중추 신경계와 말초 신경계로 나뉘어요.

하나씩 살펴볼게요. 중추는 '중심이 되는 부분'을 말해요. 그러니 중추 신경계는 중심이 되는 신경 기관이겠지요? 우리 몸의 중추 신경계는 뇌와 척수로 구성되어 있어요.

뇌는 우리 몸의 감각 정보에 반응하여 운동하는 것, 즉 움직임을 조절해요. 예를 들어 뜨거운 컵을 만져서 피부로 뜨거움(감각)을 느

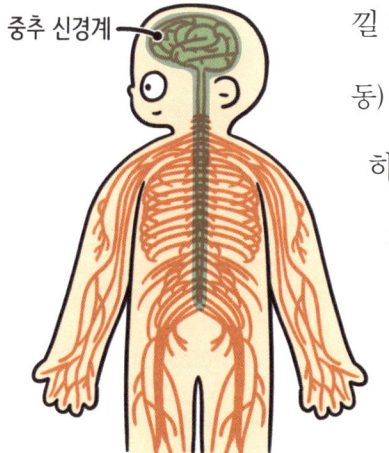

중추 신경계

낄 경우, 뇌가 얼른 컵에서 손을 떼서(운동) 화상을 안 입도록 조절하는 거죠. 말하고, 얼굴 근육을 움직이는 것도 뇌가 지시한 명령에 따라 일어난 운동이에요.

척수는 뇌가 이런 일을 할 수 있도록, 우리 몸에 있는 말초 신경과 뇌를 연결해 주는 '통로' 역할을 맡고 있어요. 우리 몸속을 보면 척수가 중앙에 길게 자리해 몸의 중심이 되어 지탱하고 있지요.

중추 신경계는 운동만 조절하는 게 아니에요. 우리가 생명을 유지할 수 있도록 몸속의 움직임도 조절해요. 숨을 쉬게 하고, 온몸에 피를 돌게 하고, 먹은 것을 소화시키는 것과 같은 몸속에서 일어나는 움직임들 말이지요. 그뿐만이 아니에요. 우리가 느끼는 감정, 그러니까 기쁘고 슬프고 화나는 것도 중추 신경계가 맡고 있어요. 또 무언가를 기억하고 공부하는 것도 중추 신경계가 하는 일이랍니다.

자, 이번에는 말초 신경계에 대해 알아볼까요? 말초는 사물의 '맨 끄트머리'를 뜻하는 말이에요. 즉 말초 신경계는 중추 신경계에서 뻗어 나온 가지처럼 우리 몸 전체에 퍼져 있는 신경계를 말해요. 뇌

와 척수는 몸속 깊은 곳에 있고, 단단한 뼈로 보호되어 있어 바로 감각에 닿지 못해요. 감각을 받아들이는 일은 말초 신경계가 맡고 있어요. 예를 들어, 뜨거운 컵을 만지면 피부에 연결된 말초 신경을 통해 중추 신경계에 전달돼요. 중추 신경계가 '뜨겁다'라고 인지할 수 있도록 말이죠. 중추 신경계가 '뜨거우니까 당장 손을 떼라'는 명령을 내리면 말초 신경계를 통해 몸의 근육을 움직여 손을 떼는 거예요.

하는 일들이 다 달라요! 뇌의 구석구석을 살펴보아요

뇌는 옆에서 보면 크게 '대뇌', '소뇌', '뇌간'으로 나뉘어요.

자, 다음 페이지에 나온 뇌의 옆모습을 위에서 하나씩 내려가며 살펴볼게요.

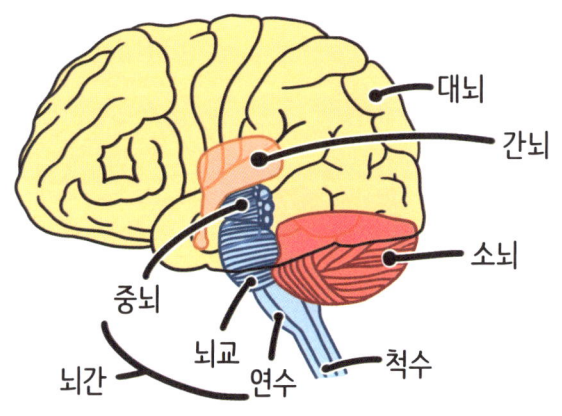

중추 신경 뇌의 기본 구조

대뇌는 중추 신경계 중에서도 가장 높은 곳에 있습니다. 인간 뇌의 80%를 차지하며, 어른의 경우 대뇌가 보통 1.3kg~1.4Kg 정도 됩니다. 바깥쪽은 대뇌피질, 안쪽은 변연계로 이루어져 있지요.

대뇌피질은 뇌의 바깥쪽을 덮은 층으로 포유동물에만 있는 구조입니다. 부위에 따라서 운동, 감각, 언어 등의 기능을 맡고 있어요. '전두엽', '측두엽', '두정엽', '후두엽'이 바로 이 대뇌피질에 있습니다. 가장 큰 전두엽이 기억력, 사고력, 운동 기능에 관련되어 있고 측두엽이 언어, 청각과 관련 있습니다. 두정엽에는 공간과 위치 등을 인식하는 지각과 감각에 관련된 영역이 있으며, 후두엽에는 시각과 관련한 영역이 자리합니다.

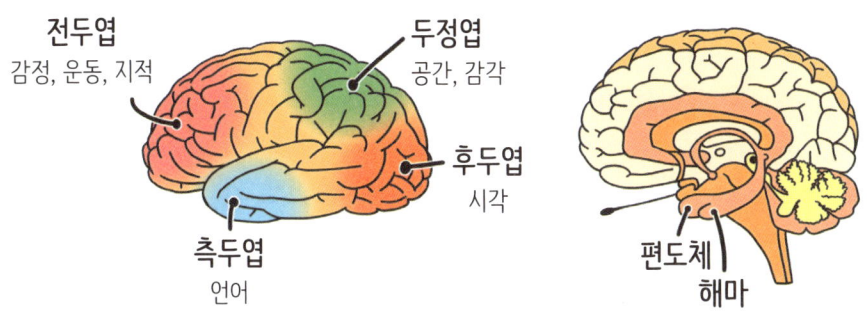

대뇌 안쪽에 있는 변연계는 대뇌와 간뇌 사이에 있는 뇌 구조물이에요. 해마, 편도체 등이 변연계에 속합니다. 이곳은 학습, 기억, 감정과 정서에 관련된 활동을 해요. 해마는 기억과 관련된 일을 하고, 편도체는 감정을 처리하는 중심 역할을 해서 변연계는 '감정의 뇌'라고도 불린답니다.

이번에는 대뇌를 위에서 살펴볼게요. 대뇌 가운데로 대뇌 종렬이 있고, 이것을 중심으로 두 개의 반구로 나눕니다. 이렇게 반씩 나뉘어져 있는 뇌를 대뇌 반구라고 합니다.

왼쪽에 있는 걸 '좌뇌 반구', 오른쪽에 있는 뇌는 '우뇌 반구'라고 불러요. 또 기능에 따라 말하고, 계산하고, 글을 쓰고 읽는 논리적 사고를 담당하는 '우성 반구', 머리를 빗거나 옷을 입는 것 같이 몸이 공간이나 사물과 어떤 관계인지 이해하도록 하는 '비우성 반구'로도

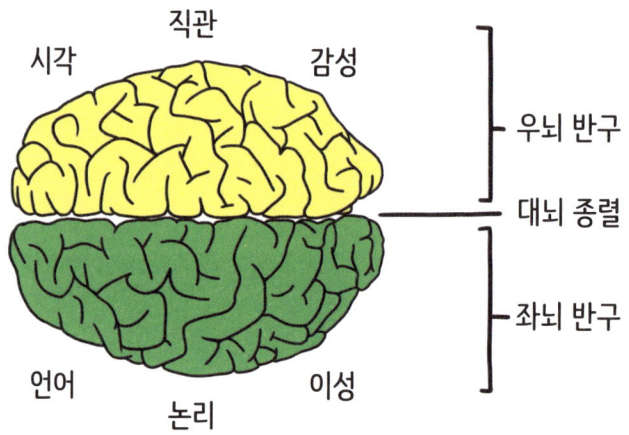

부르기도 해요. 워낙 대뇌가 하는 일이 많다 보니 부르는 이름도 참 많지요?

<mark>소뇌</mark>는 뇌간의 뒷부분에 달려 있습니다. 이 작은 뇌의 역할은 <mark>사람의 운동 기능을 조절하고 기억하는 겁니다</mark>. 여러분이 오래전에 배운 피아노 연주법이나 자전거 타는 법을 잊지 않는 이유는 다 이 소뇌 덕분이랍니다. 뇌간은 대뇌, 소뇌를 제외한 부분입니다. 간뇌·중뇌·뇌교·연수를 합친 부위이며 뇌와 척수를 연결합니다. 뇌간은 호흡, 순환, 소화 같은 생명을 유지하기 위한 기본 기능을 맡고 있어요.

뇌파는 무엇일까요? 어떻게 측정할 수 있을까요?

어때요? 뇌가 하는 일이 정말 엄청나게 많지요? 사실상 뇌가 우리 인간의 생활을 모두 관리한다고 볼 수 있어요. 뇌가 일을 하기 때문에 우리가 감각을 느낄 수 있고, 움직일 수 있고, 먹고 소화하고 숨 쉬고, 생각하고 학습할 수 있는 거지요.

그런데 뇌는 어떻게 이 많은 일을 할까요? 어떻게 감각을 받고 우리 몸 구석구석에 명령을 보낼까요? 바로 신경 세포들을 통해서 한답니다. 뇌에 있는 신경 세포들이 서로 정보를 주고받아서 우리가 활동하게 만드는 거지요. 이 신경 세포를 부르는 말이 있어요. 바로 뉴런(neuron)이에요.

뉴런은 우리 몸을 뇌와 연결하게 만들어 줍니다. 뇌에는 이 뉴런이 1000억 개가 넘게 있어요. 뉴런들끼리 정보를 주고받으면서 다양한 연결을 만들어 내요. 이 연결을 통해 뇌가 감각 정보를 받아들이고, 알맞은 반응을 명령해서 몸의 각 부위들이 움직이게 만드는 거지요.

그런데 이 뉴런들은 어떻게 정보를 주고받을까요? 바로 시냅스에서 전기 신호로 주고받는 거예요. 뉴런은 신경이 받은 자극(정보)을 전기 신호로 가지고 있다가 다른 뉴런에 전달해요. 이때 한 뉴런

에서 다른 뉴런으로 전달되는 부위가 바로 시냅스예요. <mark>시냅스에서 뉴런들이 전기화학 신호를 주고받아서 정보를 전달하는 것이죠.</mark> 이렇게 중요한 역할을 하는 시냅스란 이름을 가졌다니, 우리 인공지능 비서 시냅스도 브레인 탐정에게 정말 중요한 존재이겠죠?

<mark>뇌파는 이 뉴런(신경 세포)들이 전기 신호를 주고받으면서 생기는 전기적인 파동이에요.</mark> 긴장하거나 흥분, 혹은 각성하면 뇌파에도 변화가 일어나요. 뇌파로 우리가 무슨 생각을 하는지는 알 수 없지만, 전반적인 뇌의 활동이나 이상은 알아챌 수 있어요.

뇌파는 두피에 전극을 붙여서 뇌의 전기적 활동을 검사하는 뇌전도 검사로 알아볼 수 있어요. 전기적 활동에 따라 여러 물결이 나타난답니다. 경우에 따라서 뇌전도 검사는 '뇌의 회복 불가능한 상태' 즉 '뇌사'를 판정하는 데 쓰이기도 해요.

개는 사람 말을 알아듣고 생각할 수 있을까요?

동화에 나온 캔디의 뇌파 검사가 마냥 허무맹랑해 보이나요? 하지만 실제로도 있었던 일이랍니다. 2020년 헝가리 외트뵈시 로란드대학교 연구진이 반려견을 대상으로 뇌파 실험을 했습니다. 강아지가 평소에 자주 듣는 단어를 불러 주고, 반대로 전혀 생소한 단어도 들려주면서 머리에 전극을 붙여 뇌파를 측정했어요.

실험 결과, 완전히 다른 뇌파가 나왔어요. 강아지는 자신이 기억하는 단어와 발음을 확실히 알아듣는 것으로 나타났어요. 모르는 단어를 들었을 때와는 뇌 활동이 완전히 달랐던 거예요. 그렇다면 주인이 아닌 다른 사람이 이야기하는 것도 알아들을 수 있을까요?

연구 결과, 낯선 사람이 이야기를 해도 반려견은 정확하게 구분해 냈다고 합니다. 그러니까 캔디도 처음 보는 브레인 탐정이 "패스포트"라고 말해도 쉽게 알아들을 수 있었던 거예요.

재미있는 건 발음이 비슷한 단어의 경우, 같은 의미로 받아들이기도 했다는 거예요. 만일 '패스포트'라고 하지 않고 '패스워드'라고 했어도 대충 '패스포트'라고 알아들었을 가능성이 높답니다. 일반적으로 개는 살면서 학습할 수 있는 말이 사람에 비해 아주 적기 때문입니다.

만일 뇌에 문제가 생긴다면 어떤 일이 벌어질까요?

뇌의 일을 살펴보니 사실 '인간이 살아서 생활하는 모든 활동'을 이끈다고 해도 과언이 아니죠? 그런 일은 없어야겠지만, 인간은 사고로 팔이나 다리를 절단하더라도 살 수 있습니다. 눈이 보이지 않아도, 귀가 들리지 않아도 살아갈 수 있어요. 그러나 뇌에 문제가 생기면 아무리 건강한 상태여도 우리 몸은 제대로 기능할 수 없어요.

감각 기관이 문제없어도 뇌에 문제가 생기면 보거나, 듣거나, 맛을 보거나, 움직일 수 없어요. 움직이고 행동하는 부분만 문제되는

게 아니에요. 해마, 편도체 등 변연계와 같은 뇌 구조에 문제가 생길 경우, 인지 능력이나 기억, 감정적인 부분에 문제를 겪을 수 있어요. 연구 결과, 치매 환자처럼 기억에 장애를 앓고 있는 경우에 해마가 손상됐다는 보고가 있습니다.

  뇌가 회복할 수 없는 지경에 다다르면, 생각도 할 수 없고, 숨을 쉬어야 한다는 것도 잊어버리죠. 그렇게 되면 결국 인간은 죽게 됩니다. 생명을 유지하기 위해 우리 몸에서 가장 중요한 기관으로 뇌를 꼽는 것은 이러한 이유 때문이에요.

이야기 둘

내 친구들은 세계적인 뇌 과학자들이야!

멋지게 사건을 해결한 브레인 탐정은 휴식을 취하기로 했다. 머리를 쓰는 건 에너지가 정말 많이 드는 활동이니까.

"시냅스, 사건 끝나면 항상 듣는 음악을 틀어 줘."

시냅스는 브레인 탐정이 즐겨 듣는 곡을 선곡했다. 바로 드뷔시의 '달빛'이다. 이 곡은 브레인 탐정의 첫사랑 '리나'가 좋아하는 곡이다. 음악이 나오자 브레인 탐정은 곧바로 추억에 푹 빠져들었다.

십 대 시절, 브레인 탐정은 세계 최고 뇌 과학자를 꿈꾸었다. 우연히 인간의 뇌 사진을 본 후부터 항상 궁금했기 때문이다.

'도대체 이 조그마한 단백질 덩어리가 어떻게 우리 몸 전체를 움직이고 생각하고 느끼게 하는 걸까?'

궁금한 건 참지 못하는 브레인 탐정에게 이 질문은 인생의 중요한 목표가 되었다. 뇌를 공부하고 싶어서 대학에 들어가 밤낮없이 공부했다. 그런데 뇌는 정말 미지의 대상이었다. 모르는 걸 하나씩 알아갈 때마다 새롭게 궁금한 것이 튀어나왔다. 평생 뇌에 대해 공부해도 부족할 것 같다는 생각이 들었다. 이렇다 보니 잠도 자지 않고, 먹지도 않은 채 공부하는 나날이 이어졌다.

"아, 왜 세상이 핑핑 돌지?"

어느 날 브레인 탐정은 눈앞의 세상이 마치 롤러코스터를 탄 것처럼 돌아간다고 느꼈다. 그와 동시에 온통 까만 어둠이 찾아왔다.

"세상에. 정신이 들어?"

브레인 탐정이 눈을 뜬 곳은 병원이었다. 병원 침대에 누운 브레인 탐정을 리나가 걱정스러운 얼굴로 들여다보고 있었다.

"당분간 책상 앞에 앉을 생각도 하지 마. 몸부터 좋아져야 해."

리나가 신신당부하며 브레인 탐정에게 이불을 덮어 주었다. 그 후 브레인 탐정이 건강을 회복하기까지는 꽤 시간이 걸렸다. 몸이 약한 브레인 탐정을 챙긴 건 바로 리나였다. 리나를 향한 브레인 탐정의

사랑이 커진 것도 그즈음이었다.

힘들게 건강을 되찾으면서 브레인 탐정은 연구에만 몰두하다 몸을 망칠 뻔한 자신이 어리석었다는 걸 깨달았다. 그리고 과감하게 연구자가 아닌 다른 길을 걷기로 결심했다. 바로 탐정이었다.

"뭐? 탐정? 하여간 넌 참 엉뚱한 구석이 있다니까."

탐정이 되겠다는 브레인 탐정의 말에 절친한 친구 케빈, 헌터가 웃음을 터트렸다. 리나도 못 말린다는 표정으로 브레인 탐정을 보았다. 그래도 그들은 브레인 탐정의 선택을 존중하고 축복했다. 리나, 케빈, 헌터는 브레인 탐정에게 없어서는 안 될 친구들이다.

음악을 들으며 브레인 탐정은 서랍장 위에 놓인 작은 액자를 보았다. 거기에는 학창 시절에 친구들과 찍은 사진이 있었다. 추억에 빠진 브레인 탐정에게 시냅스가 물었다.

"탐정님. 친구들도 모두 뇌 과학을 공부하셨나요?"

"맞아. 내가 하도 요란스럽게 뇌를 파고들어서 그렇지, 그 친구들도 뇌에 대한 열정이 엄청나다고."

"다들 무슨 연구를 하시는데요?"

시냅스가 묻자 브레인 탐정은 액자를 들어서 사진을 보았다. 고양이 티셔츠를 입은 케빈이 활짝 웃고 있었다.

"이 친구 케빈은 뇌 신경계에 대해 연구하고 있어. 특히 신경계가 어떻게 생겼는지 공부하는 신경 해부학에 관심이 많지. 반려묘인 퍼플이 뇌종양을 앓아서 뇌 질환에 아주 관심이 많거든."

형제자매가 없는 케빈에게 반려 고양이 퍼플은 각별한 식구였다. 그런 퍼플이 뇌종양에 걸렸다며 슬퍼하던 케빈의 모습이 아직도 생생하다. 뇌종양은 뇌에 있는 조직이나 뇌를 싸고 있는 막에 혹이 생기는 질병이다. 퍼플은 건강했을 때와는 전혀 다른 행동을 하며 조금씩 생기를 잃어 갔다.

케빈은 슬픔에 빠진 것도 잠시, 씩씩한 얼굴로 외쳤다.

"내가 우리 퍼플을 꼭 낫게 해 줄 거야."

케빈은 대학원을 진학해 뇌 질환과 관련된 연구를 펼쳤다. 퍼플을 낫게 해 주고 싶어서 여러 방법을 찾아보았다. 그러나 안타깝게도 퍼플은 세상을 떠나고 말았다.

하지만 케빈은 포기하지 않았다. 사랑하는 퍼플은 낫게 하지 못했지만, 세상에 뇌 질환과 관련된 치료법이 많지 않다는 걸 알게 되었기 때문이다. 동물뿐만 아니라 사람들도 치매 같은 뇌 질환의 완벽한 치료법이 없어 고통받고 있었다. 케빈은 오늘도 '뇌 질환이 없는 세상을 만들고 싶다'는 목표를 가지고 열심히 연구를 하고 있다.

"정말 멋진 친구이시네요."

"그럼! 근데 멋지기로는 이 친구도 둘째가라면 서러워할걸?"

브레인 탐정이 손가락으로 가리킨 사진 속 청년의 이름은 '헌터'다. 헤비메탈만 주구장창 듣고 기계에 관심이 많아 새로 나온 전자 기기는 가장 먼저 써 봐야 직성이 풀리는 친구다. 이렇다 보니 헌터는 뇌와 컴퓨터를 연결 지어 연구하는 것에 관심을 보였다.

"케빈, 내가 연구를 꼭 성공시켜서 네 고양이 퍼플과 대화를 나눌

수 있게 해 줄게."

퍼플이 아프던 시기에 이 말도 안 되는 말을 헌터는 맨날 케빈에게 했다. 모두 헌터가 케빈을 위로하려고 하는 농담이라고 생각했다. 그런데 누가 알았을까? 헌터가 정말 케빈을 위해 그런 연구를 하고 있었다는걸!

여느 때와 같이 넷이 모여 차를 마시는 자리에서 헌터가 의미심장하게 말했다.

"얘들아, 혹시 '뇌-컴퓨터 인터페이스'라고 들어 봤어? 뇌와 컴퓨터를 연결해서 컴퓨터가 인간의 뇌 활동을 일부분 돕는 기술을 개발하는 거야."

"정말?"

"응. 인간의 뇌와 컴퓨터를 연결할 수 있다면, 동물 뇌도 컴퓨터와 연결할 수 있어. 동물 뇌에 '뇌 임플란트'라는 뇌 활동을 도와주는 반도체를 심어서 더 똑똑해지게 만드는 거야. 지금은 원숭이가 컴퓨터를 조작하게 만드는 연구를 진행하고 있대."

헌터의 말에 리나, 브레인 탐정, 케빈은 두 눈이 휘둥그레졌다. 헌터는 헛기침을 하더니 갑자기 주머니에서 명함을 꺼내 탁자 위에 놓았다. 바로 뇌와 컴퓨터를 연결하는 기술인 'BCI 기술'을 연구하는 회사의 명함이었다.

"나는 BCI 기술을 연구하는 회사에 들어가기로 했어. 뇌파를 이용해서 컴퓨터를 사용할 수 있게 만드는 장치를 만드는 거야. 만일 성공한다면 의사소통을 할 수 없는 동물이나 장애로 몸을 쓰지 못하는 사람들에게 큰 도움이 되겠지?"

"헌터! 너 그냥 농담으로 했던 말이 아니었구나!"

케빈이 벌떡 일어나 헌터

의 양 어깨를 감싸 쥐었다. 헌터는 씨익 웃으며 케빈의 손을 잡았다.

"그럼! 내가 꼭 퍼플과 대화할 수 있게 해 줄게. 생각만으로 기계를 조종할 수 있게 되면 퍼플과 대화하는 날도 올 수 있을 거야."

헌터는 BCI 기술을 연구하는 데 열정을 불태우고 있다. 비록 퍼플이 세상을 떠났지만, 케빈도 그런 헌터를 여전히 응원하고 있다.

마지막 사진 속의 인물은 바로 '리나'였다.

"리나님은 무슨 일을 하고 계신가요?"

"리나야말로 우리 모두에게 큰 도움을 주는 일을 하고 있지."

리나는 뇌 질환을 낫게 하려는 케빈과 컴퓨터를 활용해 뇌 활동을 연구하는 헌터가 무척 대단하다고 생각했다. 그래서 그들의 활동에 도움이 되는 연구를 하고 싶었다.

인간의 뇌는 아직 알려지지 않은 부분이 더 많은 미지의 대상이다.

'인간 뇌를 이해하기 위해서는 어떻게 해야 할까?'

'뇌에서 일어나는 일을 생생하게 알 수 있으면 얼마나 좋을까?'

리나는 이런 질문에 대한 해답을 찾고 싶었다. 그래서 뇌를 펼쳐서 하나의 지도로 만드는 일에 관심을 가졌다. 즉, '뇌 설계도'를 만들려고 한 것이다.

"뇌 설계도요?"

"응. 뇌를 해석해 지도로 만드는 거지."

"그……게 가능한가요?"

"불가능한 목표라고 포기할 우리 리나가 아니라고. 이미 벌레(예쁜꼬마선충)의 뇌 지도는 완성했어. 뇌 지도는 대표적인 뇌 연구 분야 중 하나야."

물론 벌레의 뇌 지도를 만들었다고 해도 인간의 뇌 지도가 금세 완성되는 건 아니다. 벌레에 비해 인간의 뇌는 비교할 수 없을 만큼 구조가 복잡하다. 인간의 뇌는 천억 개 이상의 신경 세포들로 이루어져 있고, 이 세포들이 각각 수천 개 이상의 시냅스로 연결되어 전기 신호를 주고받는다. 그러니까 사람이 하는 생각과 마음, 행동은 이 전기 신호들로 인해 생겨나는 것이다.

만일 뇌 설계도를 완성해서 어떤 신경 세포들이 연결되어 어떤 시냅스를 통해 신호를 주고받는지, 그래서 우리 몸에 어떤 일이 벌어지는지를 알게 된다면 어떻게 될까? 뇌에 문제가 생겼을 때 어느 부분의 신경 세포 때문인지 알 수 있을 것이다. 마치 기계가 고장 났을 때 설계도를 보고 어디가 고장 났는지를 알아내고 고치는 것처럼.

그래서 리나는 케빈과 헌터를 위해 뇌의 설계도를 만들기로 결심했다. 리나가 제일 먼저 한 일은 바로 '인간 커넥톰 프로젝트'에 참

 여한 것이다. 커넥톰은 뇌 속에 있는 신경 세포가 가진 연결선, 그러니까 신경 회로를 전체적으로 알아내는 연구라고 했다.

 이 연구를 위해 리나는 미국으로 떠났다. 미국에서 커넥톰 프로젝트를 진행하기 때문이다. 그렇게 브레인 탐정은 첫사랑 리나와 헤어졌다. 벌써 수년 전의 일이다.

 리나만이 아니라, 케빈, 헌터도 세계 각국으로 흩어져 뇌 과학을 연구했다. 한국에 남은 브레인 탐정을 위해 세 친구는 재미있는 친구를 만들어 주기로 했다. 바로 인공지능 비서 '시냅스'다. 시냅스는 리나를 대신해서 브레인 탐정의 건강을 챙겨 주고, 케빈과 헌터를 대신해 브레인 탐정의 농담을 받아 주었다. 일하기 싫어하는 브레인 탐정을 살살 달래 주고, 필요한 것을 쏙쏙 도와주었다.

　시냅스 덕분에 브레인 탐정은 뇌 과학을 이용해 사람들에게 도움을 줄 수 있었다. 뇌에 대해 알면 알수록 사건을 해결하기도 쉬워졌다. 또 사건이 해결되어 좋아하는 의뢰인의 모습을 보면 무척 보람찼다. 그래도 브레인 탐정은 가끔 예전이 그리웠다. 네 친구들이 한데 모여 '뇌'에 관해 신나게 토론하고 함께 머리를 맞대어 공부하던 그 시절이 말이다.

　음악이 끝나자 브레인 탐정의 추억 여행도 끝이 났다. 그 순간 사무실의 전화 벨 소리가 맹렬히 울렸다. 브레인 탐정의 눈이 빛났다. 브레인 탐정은 자신 있는 얼굴로 전화를 받으며 외쳤다.

　"네, 브레인 탐정 사무소입니다!"

뇌 과학이란 무엇일까요?

인간이 만들어 낸 많은 일, 깊은 지식, 아름다운 창작물들을 보면 정말 엄청나게 느껴집니다. 다른 종은 하지 못하는 무수한 일들을 인간은 놀라운 잠재력을 발휘해서 해냅니다. 그래서 인간을 '소우주(小宇宙)'라고도 부르기도 하지요. 우주만큼이나 놀랍고도 알 수 없는 존재라는 의미에서 말입니다. 인간이 지닌 놀라운 능력의 일등 공신을 물으면 바로 '뇌'를 꼽을 것입니다.

뇌는 우리 몸속 장기를 다스리고 생명을 유지하며, 다양한 인지와 감정, 생각을 만들어 냅니다. 또 말과 행동 등 인간의 모든 활동을

관할하지요. 약 1.4kg에 불과한 이 기관이 하는 일은 정말 엄청납니다.

뇌는 우리 몸에 있는 기관 중 가장 비밀이 많은 존재예요. 하는 일이 엄청나게 많은데 이 일을 어떻게 수행해내는지는 알지 못했습니다. 그래서 인간은 뇌 구조와 기능을 이해하기 위한 학문을 연구했어요. 그러한 연구를 '뇌 과학'이라고 불렀지요.

==뇌 과학은 다양한 방면의 지식을 바탕으로 뇌를 공부하는 융합 과학이에요. 의학, 생물, 공학, 인지, 심리 등 다양한 지식이 결합되어 발전한 학문입니다.== 뇌가 인간의 모든 활동을 관장하는 기관이다 보니, 뇌에 대한 연구 결과는 과학은 물론이고 인문, 사회 전반에 큰 영향을 미칩니다.

뇌 과학은 어떻게 발전해 왔을까요?

인간이 뇌에 대해 궁금증을 갖기 시작한 건 굉장히 오래전입니다. 자연 과학이 발달하기 시작한 고대 그리스 때부터 뇌에 관심을 가졌다고 합니다. 기원전 약 400년경, 의학의 아버지 '히포크라테스'는 사람의 마음이 대뇌에서 만들어진다고 생각했어요. 예술가이자 과학자인 '레오나르도 다빈치'도 뇌에 정신이 있다고 생각했다고 해요. 이후 17세기까지 철학자들은 심장과 뇌 중에서 어디에 마음이 있는지를 늘 고민하고 알아내는 실험을 거듭했지요.

히포크라테스

사람들은 뇌가 신체와 어떻게 연결되어 있는지를 알고 싶었습니다. 18세기 전기가 발명되고 나서 동물 전기 실험으로 감각의 근원을 찾기 시작했지요. 볼로냐 출신 의사 루이지 갈바니는 '개구리 전지 실험'을 통해 신경에 일종의 전기가 흐른다는 걸

알아냅니다. 개구리 전지 실험은 여러분의 엄마, 아빠가 초등학교에 다녔을 적에 많이 했던 실험이에요. 이 실험은 죽은 개구리 다리에 정전기 발생 장치를 연결합니다. 여기에 건전지를 이용해서 전기를 흘리면 다리가 움직이는 현상을 확인하는 것이죠.

그 후 과학 실험을 하며 뇌 과학은 신경계가 어떻게 이뤄져 있는지를 그림으로 그릴 수 있는 수준까지 발전했습니다. 특히 1868년 프랑스 신경학자 장-마르탱 샤르코가 그린 뇌 해부도, 즉 뇌를 해부해서 내부 구조를 그린 그림이 유명합니다. 샤르코는 해부학을 이용

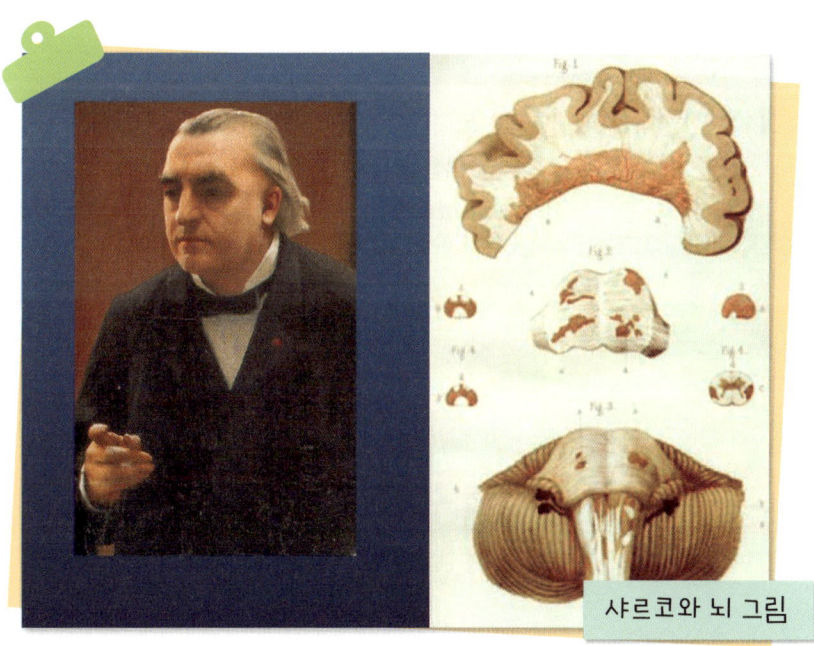

샤르코와 뇌 그림

해 신경계 질환을 설명한 과학자입니다. 그의 그림은 뇌 과학 역사에서 매우 중요한 이정표가 되었지요.

신경 세포에게 '뉴런'이라는 이름을 붙인 것은 1891년 독일인 해부학자, 빌헬름 폰 발다이어-헤르츠입니다.

1897년 영국 신경 생리학자이자 조직학자, 세균학자 찰스 스콧 셰링턴이 '시냅스'의 존재를 주장하며 뇌 과학은 한 번 더 도약합니다. 이때부터 뇌에서 일어나는 일들을 이해하기 위해서 뇌가 하는 일을 눈으로 볼 수 있도록 다양한 방식으로 모형을 만들기 시작해요. 신경 세포와 시냅스가 발견되면서 뇌의 신경계를 모방해서 만드는 일도 할 수 있게 됩니다.

과학 기술의 발전으로 눈부시게 성장하는 뇌 과학 분야들

연구하는 방식이 과학적으로 바뀌고, 측정 도구가 좋아지고, 정보 통신 기술이 발달하면서 뇌 과학은 더욱 눈부시게 성장합니다. 1940년대 논리학자 월터 피츠와 신경외과 의사 워런 맥컬록은 뇌의 신경 구조를 알아내는 데 수학적으로 접근했어요.

==뇌 신경 세포는 1000억 개가 넘고 이것을 연결하는 시냅스는==

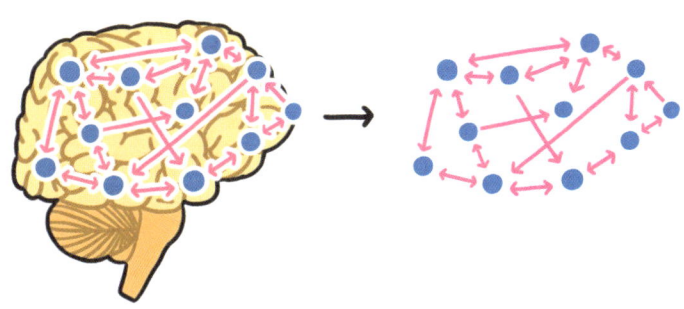

뇌 영역 간의 연결 구조　　그래프 이론을 이용한 수학적 모델링

1000조 개나 되기 때문에 이걸 분석하려면 수학을 이용해야만 가능해요. 수학적으로 공식을 만들어서 분석하고 그걸 따라서 비슷한 모델을 만들어야 합니다. 이걸 '수학 분석', '모델링'이라고 이야기해요. 조금 어렵게 들리는 말이죠? 예를 들어 보겠습니다.

　신경 세포들은 신호를 받는 수상 돌기(input)에서 여러 개의 신호를 받아들이고, 신호를 내뿜는 축색 돌기(output)에서 0과 1, 두 분류의 신호를 내보낸다고 가정할게요. 그 사이는 시냅스로 연결되어 있고, 신호를 전달하기 위해서는 일정 기준 이상의 전기 신호가 있어야 합니다. 이 원리를 수학적으로 풀어 본다면 다음처럼 됩니다.

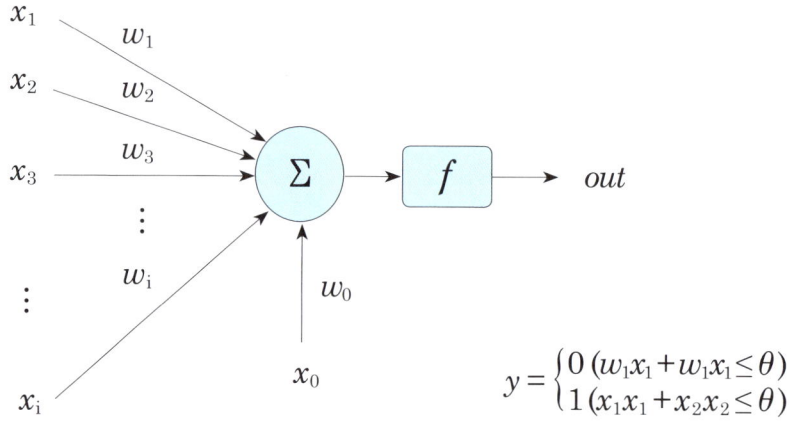

$$y = \begin{cases} 0\ (w_1x_1+w_1x_1\leq\theta) \\ 1\ (x_1x_1+x_2x_2\leq\theta) \end{cases}$$

어렵죠? 이 원리는 지금 이해하지 않아도 됩니다. 중요한 것은 이렇게 수학으로 문제를 해결하려는 시도들이 훗날 인공지능 학습법인 '딥러닝'으로 되돌아온다는 것입니다. 다시 말해, 뇌의 신경 구조를 수학 공식으로 풀어내고 그걸 토대로 모델을 만든 결과, 컴퓨터로 뇌를 흉내 낼 수 있게 된 거죠.

✸ 헌터의 분야, 뇌와 컴퓨터의 만남 : 앞서 말했듯 월터 피츠와 워런 맥컬록이 뇌 신경계를 수식으로 펼쳐 냈습니다. 그러자 오스트리아의 천재 수학자이자 물리학자 폰 노이만이 이것을 컴퓨터 과학에 적용했어요. 폰 노이만은 컴퓨터의 기본 구조를 만든 과학자입니다. 그는 인간의 뇌와 같은 컴퓨터를 만들겠다며 인공지능 연구에도

몰두했지요. 이후 수많은 과학자들이 뇌의 신경계와 비슷한 기계를 만들려는 노력을 기울였습니다. 인공지능도 이렇게 해서 탄생하게 되었답니다.

기술의 발전은 '딥러닝'이라는 인공지능 학습 기술을 탄생시킵니다. 최근에는 일론 머스크와 같은 첨단 기술 기업의 CEO들이 앞장서 뇌와 컴퓨터를 연결하려는 '뇌-컴퓨터 인터페이스(BCI, Brain Computer Interface) 프로젝트'를 이끌고 있습니다. 이 프로젝트는 어떤 일들을 실현시킬 수 있을까요? 뇌에 있는 정보를 컴퓨터 메모리에 저장하고, 또 뇌와 컴퓨터를 연결해서 손을 사용하지 않아도 컴퓨터에 명령을 내리거나 여러 가지 기계를 움직이게 하는 것이 목표입니다.

✿ **리나의 분야, 뇌 해석 연구**: 뇌 신경계를 수학으로 분석하고 모델을 만들었다고 해서 뇌가 가진 비밀이 풀린 것은 아닙니다. 앞에서 계속 이야기했지만, 뇌는 너무나 많은 연결을 가지고 있기 때문에 만들어야 하는 모델도 어마어마합니다. 그래서 '뇌 신경계'를 지도로 만들어 보기로 했는데, 이게 바로 '커넥톰(Connectome) 프로젝트'입니다.

여러분은 혹시 '게놈(Genome) 프로젝트'라는 말을 들어 보았나요? 게놈 프로젝트는 인간의 유전자를 지도로 만드는 프로젝트입니다. 커넥톰 프로젝트는 이것보다 더 큰 프로젝트입니다. 뇌 신경계

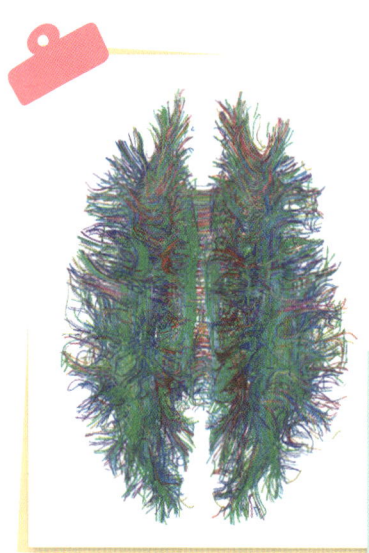

사람 뇌 백색질을 MRI 뇌 신경 섬유 지도 (tractography)를 통해 시각적으로 표현한 모습
ⓒXavier Gigandet et. al.
출처 위키미디어 커먼스
doi:10.1371/journal.pone.0004006

가 어떻게 연결됐는지, 어떤 원리로 작동하는지 속속 알아낸다면 뇌의 기능과 병의 원인을 알아내기 쉬워지겠죠. 커넥톰은 신경 세포나 신경 세포 집합체, 뇌 부위 간 연결 관계에 대한 모든 정보를 정리하겠다는 야심찬 계획을 내세웠습니다.

가장 유명한 커넥톰 프로젝트는 미국 국립보건원이 주도하여 2005년부터 2018년까지 진행한 '인간 커넥톰 프로젝트'입니다. 이 프로젝트는 종료됐지만 아직도 세계 여러 곳에서 뇌 신경계 지도를 만드는 프로젝트를 하고 있습니다.

✦ **케빈의 분야, 뇌 질환 연구** : 뇌에서 생기는 병을 치료한 역사는 생각보다 오래됐습니다. 1만 년 전 것으로 발견된 두개골에서 뇌를 치료하기 위해서 구멍을 낸 것 같은 흔적이 발견된 적이 있습니다. 기원전 460년에 태어난 의학의 아버지라고 불리는 '히포크라테스'도 뇌 손상이 다양한 형태의 운동 장애와 마비를 일으킨다고 했습니다.

1800년대가 들어서면서 뇌 연구는 새로운 전환점을 맞이하는데요. 1861년 프랑스 외과 의사 폴 브로카가 자신의 환자에게서 왼쪽 뇌(측두엽, 브로카 영역)가 손상되면 말을 할 수 없다는 것을 밝혀냈

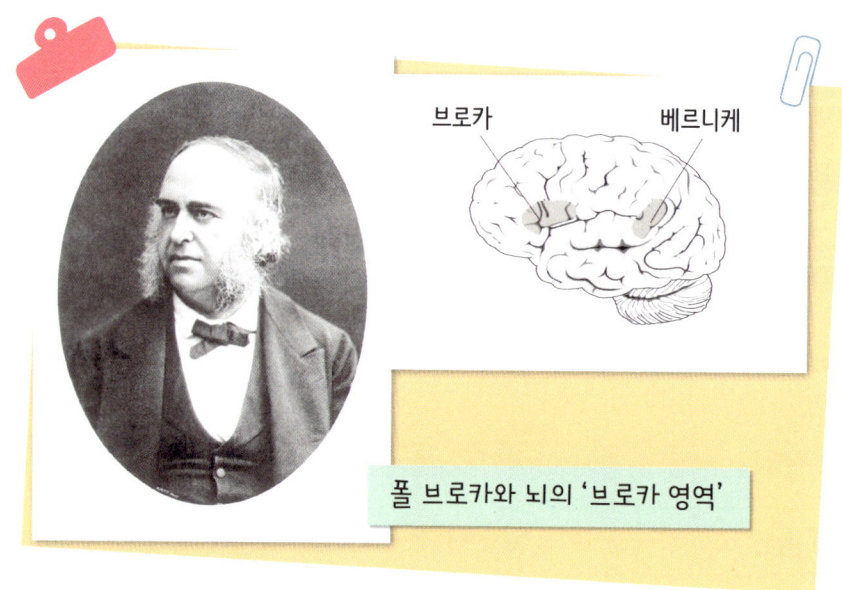

폴 브로카와 뇌의 '브로카 영역'

답니다. 이 환자는 말을 이해하거나 지능에는 전혀 문제가 없었으나 오로지 '말하는 능력'에서만 어려움을 겪었어요. 이후 다양한 연구자들이 뇌의 일정 부위가 손상되면 그 뇌가 맡은 영역에 대한 여러 장애가 일어난다는 것을 알아냈습니다. 그리고 뇌와 관련한 질병 연구가 활발하게 이루어졌지요.

1950년대가 되면 뇌의 기억에 대한 연구도 시작됩니다. 신경 세포(뉴런) 간에 주고받는 신호를 전달하는 '신경전달물질' 등을 파헤쳐 뇌 질환을 해결하려는 다양한 연구도 진행되고 있습니다.

뇌 과학이 얼마나 다양한 영역에 걸쳐 있는지 알 수 있겠지요? 예

전에는 뇌 과학을 뇌의 신경계를 연구하는 생물학의 한 분야로 여겼지만, 지금은 그렇지 않습니다.

뇌 신경망과 비슷하게 만든 인공지능을 발전시키는 일, 뇌 활동을 눈으로 보고 분석하는 일, 뇌 신경 세포와 시냅스가 어떻게 연결되었는지 지도로 만드는 일도 뇌 과학의 분야입니다. 그러니까 뇌와 관련되었다면 모두 뇌 과학이라고 볼 수 있습니다.

뇌 과학과 관련된 직업은 무엇이 있을까요?

과학 기술이 발전하면서 예전보다 뇌에 대한 비밀이 빠르게 밝혀지고 있습니다. 이것을 활용한 다양한 응용과학도 생겨나고 있고요. 앞서 이야기한 뇌 과학 분야 일들만이 아니라 더 많은 뇌 과학 분야와 직업이 새롭게 생겨날 거랍니다. 생물학적으로 뇌를 연구하는 것은 물론이고 심리적, 철학적으로 뇌를 연구하는 것도요.

뇌 과학과 관련된 직업으로는 ==다양한 분야의 연구원==이 있습니다. 생물학, 물리학을 바탕으로 뇌를 연구하기도 하고, 수학 역시 뇌 과학에 활용됩니다. 많은 수학자들이 뇌가 어떻게 활동해 어떤 결과물을 내놓을지를 계산하고 있지요. ==뇌를 가상 모델로 만드는 일도== 관

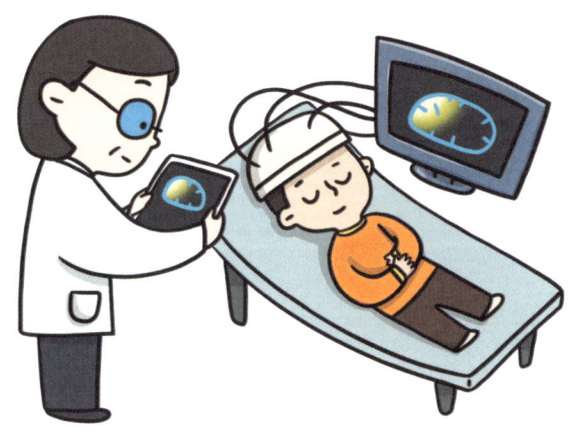

련 직업 중 하나입니다. 그러한 연구를 바탕으로 인공지능을 설계하는 일도 뇌 과학 직업이랍니다.

한편 이러한 연구에 필요한 자료를 측정하고 개발하는 일도 뇌 과학과 관련된 직업입니다. 뇌의 활동을 알아내려면 뇌파의 움직임을 봐야 합니다. 뇌파 기사는 뇌파 검사기로 신경 세포 활동을 측정하고 검사하는 일을 합니다.

신경 회로망 개발자는 뇌를 모방해서 인공적으로 만든 신경망을 반도체 칩으로 만듭니다. 이런 반도체 칩을 써서 외부 환경을 인식하고 스스로 판단해 동작하는 '지능형 로봇'을 개발하는 직업도 있습니다.

뇌와 컴퓨터를 연결하는 연구와 관련된 직업도 많이 생겨날 전망

입니다. 컴퓨터로 뇌의 활동을 도와주는 프로그램을 개발하거나, 직접 움직이지 않고도 생각만으로 기기를 조작하는 일과 관련된 직업이 생겨날지 모릅니다.

이러한 뇌 과학 직업들은 과거 뇌에 대해 알지 못했던 시절에는 존재하지 않았던 일들입니다. 그 말은 곧 우리가 뇌에 관해 더 많은 것을 알게 될수록 뇌에 관련된 직업은 더욱 늘어날 거라는 이야기겠지요.

이야기 셋

전신 마비 환자는 뇌로 이야기한다

    어느 날 브레인 탐정 사무소에 한 여성이 찾아왔다. 그녀의 딸이 학교 앞 횡단보도를 건너가다가 차에 부딪혔는데 뺑소니를 당했다는 거였다. 다행히 아이가 크게 다치지 않았지만, 아이를 덮친 자동차가 그대로 도망을 치고 말았다. 사고가 났을 때 주위에 아무도 없어서 경찰도 범인을 쉽게 잡을 수 없었다.

    차에 치인 아이는 너무 놀라서 그 차의 특징이나 번호판을 전혀 기억하지 못했다. 안타깝게도 횡단보도 근처에 있던 CCTV도 고장이 나서 당시 장면이 녹화되어 있지 않았다. 그러니까, 뺑소니 자동차를 찾을 방법이 전혀 없었던 것이다.

아이 엄마는 경찰과 함께 일대를 모조리 뒤져 그나마 유일한 목격자를 찾아냈다. 목격자는 바로 학교 앞 병원의 병실에서 이 광경을 봤으리라고 생각되는 환자였다. 환자가 누운 침대에서 사건 현장이 바로 보이는 커다란 창문이 있었던 것이다. 경찰은 환자가 혹시 사고를 낸 차량을 보지 않았을까 싶어 환자를 찾아갔다.

하지만 목격자인 환자를 본 순간, 기대가 무너져 내렸다. 목격자는 중증 마비 환자였던 것이다. 환자는 말을 못하는 것뿐만 아니라 전신 마비 상태라서 몸도 움직일 수 없었다. 환자가 의사소통을 할 수 있는 방법은 아무것도 없었다.

보호자 말에 따르면 환자는 심한 교통사고를 당해 머리를 다쳤다고 했다. 그 사고로 뇌에서 호흡, 순환, 소화 같은 생명을 유지하는 기능을 하는 '뇌간'에 있는 '연수' 부분에 손상을 입었다. 연수는 뇌와 척수를 연결해 주는 기관이다. 얼굴을 뺀 나머지 몸의 부위는 모두 척수를 통해 뇌의 신호를 전달받는다. 그런데 이 환자는 척수와 뇌의 연결이 끊어져 온몸을 움직일 수 없게 된 것이다. 다행히 대뇌는 이상이 없어 의식은 또렷했다.

"환자분이 그 사고를 목격하긴 했을까요?"

브레인 탐정이 묻자 아이 엄마가 무거운 얼굴로 고개를 끄덕였다.

"다행히 의식은 또렷하다고 했어요. 탐정님, 범인을 꼭 좀 찾아 주세요. 아이를 치고 간 범인을 찾아 벌을 받게 하고 싶어요."

아이 엄마가 절박한 얼굴로 말하자 브레인 탐정은 의미심장한 표정으로 고개를 끄덕였다.

"최선을 다하겠습니다."

아이 엄마가 돌아간 후 브레인 탐정은 한참 생각에 잠겼다. 그러다 평소 가장 좋아하는 모자를 눌러 쓰고 밖으로 나왔다. 검은색에 뇌 모양 캐릭터가 그려진 야구 모자였는데, 리나가 선물로 준 것이었다. 이 모자를 쓰면 뭔가 머리가 더 잘 돌아가는 느낌이 들었다. 하지만 아무리 브레인 탐정이라고 해도 아이 엄마에게 들은 설명만으로는 바로 해결 방법이 떠오르지 않았다.

브레인 탐정은 우선 경찰서에 찾아가서 담당 경찰에게 횡단보도 앞 CCTV 말고 학교에 설치된 CCTV를 확인해 보았는지 물어보았다.

"그렇지 않아도 저희도 학교 CCTV를 찾아봤어요. 사건이 일어난 시간이 대충 오후 1시 20분에서 30분 사이여서 그 시간대 CCTV 녹화 영상을 집중해서 검토해 봤죠. 그런데 어떤 차가 사고를 일으켰는지 알 수 없어요. 그 시간대에 CCTV에 찍힌 차가 한 대가 아니거든요."

"여러 대가 카메라에 찍혔나요?"

"5대 정도 찍혔습니다."

경찰의 말을 들은 브레인 탐정은 껌을 꺼내 입에 넣었다. 무언가 골똘히 생각할 때마다 브레인 탐정은 껌을 씹곤 했다. 껌을 씹으면 일시적으로 뇌 속에 흐르는 혈액 양을 늘려 준다는 연구 결과를 본 다음부터 생긴 버릇이었다. 브레인 탐정은 경찰에게 다시 물었다.

"CCTV에 찍힌 5대 차량의 종류는 무엇인가요?"

"3대는 승용차고 1대는 승합차, 나머지 1대는 트럭입니다. 승용차 중 2대는 흰색이고 1대는 검은색이에요."

그 말을 듣자마자 브레인 탐정 입가에 미소가 번졌다.

'잘만 하면 사고 차량을 찾을 수도 있겠어.'

그 시간대에 CCTV에 찍힌 5대 중 1대가 사고 차량이었다. 브레인 탐정은 또 다른 목격자를 떠올렸다.

"병원에서 창밖을 보고 있었다는 환자를 만날 수 있을까요?"

"그 환자는 말도 못하고 글도 쓸 수 없는데요. 얼굴 표정도 맘대로 하지 못하는 것 같아요. 의식은 또렷하다고 하지만 뭔가 대답을 듣기는 어렵습니다."

경찰은 소용없다는 표정을 지으면서 브레인 탐정에게 이야기했다.

"그건 제가 해결할 수 있으니 만나게만 해 주세요."

브레인 탐정이 하도 자신 있게 말을 하니 경찰도 '뭔가 방법이 있나?' 싶어 환자 보호자에게 연락해서 약속을 잡았다.

브레인 탐정은 환자를 만나기 전에 준비할 것이 있다면서 경찰을 먼저 돌려보냈다. 그리고 나서는 흰색, 검정, 트럭, 승합차라는 글자가 새겨진 상자를 만들었다. 각 상자에는 전구와 스위치를 연결해서 순서대로 불이 들어오도록 했다.

상자에 적힌 글씨는 CCTV에 찍힌 5대의 자동차를 나타냈다. 흰색은 하얀색 승용차를, 검정은 검은색 승용차를 뜻했다. 그리고 나머지 두 전구는 당연히 트럭과 승합차를 의미했다.

브레인 탐정은 상자들과 뇌파를 측정할 수 있는 장비를 손수레에 싣고 병원으로 향했다. 시냅스는 인터넷으로 연결돼서 언제 어디서나 브레인 탐정을 도울 수 있었다.

병원에 도착한 브레인 탐정은 입구에서 경찰을 다시 만났다.

"이 두 장비가 사고 차량을 찾아 줄 겁니다."

경찰은 브레인 탐정의 말이 전혀 이해되지 않았지만 일단 시도해 보기로 했다. 범인을 잡을 다른 수가 딱히 없었기 때문이다. 브레인 탐정은 손수레를 끌고 환자가 있는 병실로 갔다. 브레인 탐정이 가볍게 노크하자 환자의 보호자인 여성이 문을 열고 브레인 탐정을 정중하게 맞이했다.

"경찰분께 사정을 들었습니다. 제 동생이 도움을 드릴 수도 있을 것 같다고요."

보호자는 환자의 언니였다. 그녀는 따뜻한 차를 브레인 탐정에게 따라 주고 나서 환자 이름을 '리즈'라고 소개했다.

"리즈에게도 어떤 일인지 이야기했으니 이 일에 대해 충분히 알고 있을 거예요. 리즈가 지금은 사고로 저렇게 누워 있지만, 정말 똑똑한 아이거든요. 범인을 잡는 걸 도울 수 있다면 아마 동생도 무척 기뻐할 거예요."

브레인 탐정은 언니의 이야기를 듣고 나자 더욱 책임감이 느껴졌다. 이 일은 범인을 잡는 일이기도 하지만, 병상에 누워 있는 리즈에게 가치 있는 일을 할 기회이기도 했다. 브레인 탐정은 마음을 다잡고 손수레에서 장비를 꺼냈다.

우선 리즈 앞에 글씨가 새겨진 상자 4개를 옮겨 놓고, 리즈의 머리에 전극을 몇 개 붙였다.

"안녕하세요. 저는 브레인 탐정이라고 해요."

브레인 탐정은 리즈에게 허리를 굽혀 정중하게 인사했다. 아무래도 몸이 불편한 분을 힘들게 할 것 같아 미안하기도 하고 신경도 많이 쓰였다. 브레인 탐정은 그녀가 최대한 이 시도를 잘 이해할 수 있도록 천천히 설명했다.

"지금부터 리즈 씨 머리에서 뇌파를 측정할 거예요. 뇌파는 뇌에서 나오는 전기적인 신호예요. 사람은 누구나 신경 세포인 뉴런에서 전기적인 활동을 하거든요. 그러니까 뇌파를 측정한다는 건 뉴런이 어떤 전기적인 활동을 하고 있는지를 측정한다는 이야기지요."

여기까지 설명을 마친 브레인 탐정은 리즈의 얼굴을 들여다보았다. 그녀는 처음과 똑같은 표정으로 허공을 응시하고 있었다. 브레인 탐정은 설명을 이어 나갔다.

"사람이 가만히 있을 때는 보통 1초에 약 8헤르츠에서 12헤르츠 정도의 주파수를 가진 파들이 나오거든요. 이걸 '알파파'라고 불러요. 그런데 생각을 하거나 어떤 행동을 하면 이 파가 점점 빨라져요. 과학자들은 특정한 활동을 할 때 사람의 뇌에서 나오는 파들을 정의해 놓았어요. 그중 사람이 의사 결정을 할 때 나오는 파를 P300이라고 해요. 저는 오늘 P300파를 측정할 거예요. 지금 리즈 씨의 머리에 전극을 붙였는데, 여기는 뇌의 두정엽에서 가장 가까워서 P300파가 제일 잘 검출되는 곳이에요."

브레인 탐정이 이야기를 마쳤지만 리즈는 아무런 반응이 없었다. 리즈가 말을 알아들었는지 확인할 수 없어 조금 불안했지만, 브레인 탐정은 말을 이어 갔다.

"리즈 씨가 그날 사고를 낸 자동차를 보셨을 것 같은데 저희는 그 차가 어떤 차인지 알고 싶어요. 말을 하실 필요는 없어요. 리즈 씨 뇌에서 나오는 뇌파를 측정해서 대답을 들을 거니까요."

브레인 탐정은 리즈의 시선이 닿는 곳에 상자들을 옮겨 놓았다.

"여기 상자를 보시면 흰색, 검정, 트럭, 승합차라는 네 가지 글자가 보이실 거예요. 흰색은 하얀색 승용차, 검정은 검은색 승용차, 그리고 트럭과 승합차를 뜻하거든요. 이 네 가지 글씨에 번갈아 가면서 불이 들어올 텐데요. 그날 사고를 낸 자동차를 나타내는 글씨에 불이 들어올 때까지 계속 보시면 돼요. 너무 힘들거나 피곤하시면 눈을 감아 주세요. 그럼 잠시 쉬도록 할게요."

브레인 탐정은 리즈에게 설명한 후 상자에 전기를 연결했다. 그러자 천천히 한 글자씩 불이 들어왔다. 리즈는 어느 글자를 보고 있는

지 알 수 없지만, 계속 상자를 쳐다보고 있었다. 가끔 집중하는 것이 피곤했는지 한 번씩 눈을 살짝 감았다 뜨고는 했다. 모두 잔뜩 호기심에 찬 얼굴로 두 사람을 바라보았다.

그렇게 몇 분 정도 지났을까. 전극이 연결된 노트북을 바라보던 브레인 탐정이 갑자기 소리쳤다.

"아! 어떤 차인지 알아냈어요."

그 말에 경찰과 리즈의 언니는 깜짝 놀라 브레인 탐정을 보았다. 브레인 탐정은 얼굴이 붉게 상기되어 있었다.

"검은색 승용차네요."

브레인 탐정이 외치자 리즈는 다시 지그시 눈을 감았다. 역시 가만히 쳐다보고 있는 것도 상당히 힘들었던 모양이다. 맥박도 조금 빨라지는 것이 느껴졌다. 마비 환자에게는 한 가지에 집중한다는 것 자체가 굉장히 힘든 일이었다.

경찰은 깜짝 놀라 계속해서 브레인 탐정과 리즈, 불이 깜빡이는 상자를 번갈아 보았다. 브레인 탐정은 빙긋 웃으며 말했다.

"리즈 씨가 검정이라는 글자를 선택했거든요."

"그러니까 그걸 어떻게 안 거죠?"

"우리 뇌에서 소리나 사진, 빛 같이 특정한 자극을 받으면 P300 뇌파가 커지고 빨라지거든요. 바라보고 있는 전구에 불이 켜질 때도 비슷한 현상이 나타나죠."

"아, 우리 리즈가 바라보는 글자에 불이 들어오면 그 P300이라는 뇌파가 커진다는 거군요. 그래서 그게 어떤 글자인지 알 수 있다는 거고요."

리즈의 언니가 브레인 탐정의 말을 듣고 재빨리 이해했다. 브레인 탐정은 미소 지었다.

"맞아요. P300 뇌파는 머리에 붙은 전극을 통해 노트북 화면에 그래프로 나타나거든요. 딱 그 파동이 생길 때 검정에 불이 켜졌어요. 10번 이상 반복해서 측정했으니 확실할 겁니다."

"정말 놀랍네요. 뇌라는 건."

경찰은 신통하다는 얼굴로 읊조렸다.

"솔직히 리즈에게서 어떤 방법으로 대답을 들을 수 있을까 싶었어요. 리즈가 움직이거나 말을 할 수 없으니까요. 그런데 리즈의 뇌가 대신 대답을 해 준 거네요."

리즈 언니의 말에 브레인 탐정은 고개를 끄덕였다.

"인간의 뇌는 정말 뛰어나요. 리즈 씨가 그날의 기억을 떠올리고 신호를 보낸 것도 리즈 씨의 뇌가 펼친 활약이라고 볼 수 있어요. 정말 멋진 도움이었습니다."

브레인 탐정은 리즈의 도움으로 차량 종류를 알아냈다는 사실이 정말 만족스러웠다.

브레인 탐정과 경찰은 리즈와 리즈 언니에게 고개를 숙여 인사했다. 브레인 탐정은 조심스럽게 리즈의 머리에서 전극을 떼어 내고 장비를 챙겼다. 그때 리즈 눈에서 눈물이 뚝하고 떨어졌다. 전극을 떼던 브레인 탐정은 깜짝 놀랐다. 혹시나 리즈가 불편한 점이 있었던 건 아닌지 걱정스러운 표정을 짓자 리즈 언니가 말했다.

"아마 리즈는 자기가 뭔가 도움을 주었다는 것에 기뻐서 눈물이 났을 거예요. 정말 좋은 기회를 만들어 주셔서 감사합니다."

언니가 도리어 브레인 탐정과 경찰에게 진심 어린 감사를 표하자 두 사람은 뭉클한 마음이 들었다.

"저희가 훨씬 더 감사합니다. 리즈 씨가 없었다면 이 사건은 해결하지 못했을 겁니다."

병실에서 나온 경찰은 CCTV에 찍힌 검은색 자동차 번호판으로 사고 차량 운전자를 찾아냈다. 다행히 범인이 자신이 사고를 냈다고 금방 인정해서 수월하게 일을 해결할 수 있었다. 브레인 탐정에게 의뢰한 아이 엄마도 리즈를 찾아가 감사 인사를 전했다.

사건을 명쾌하게 해결한 브레인 탐정은 '목격자가 있어서 다행이었다'고 생각했다.

 '이 세상에서 뺑소니 사건은 모두 사라졌으면 좋겠군.'

 석양이 진 거리에서 브레인 탐정은 또 다른 사건을 향해 힘찬 발걸음을 옮겼다.

뛰어난 인간의 뇌와 인공지능에 대해 알아보아요

과학자들은 우리 뇌가 얼마나 뛰어난지를 밝혀내고자 다양한 연구를 거듭했어요. 인간 뇌를 따라 하려고 인공지능 연구도 활발히 진행했습니다. 하지만 아직까지 인간 뇌만큼 뛰어난 인공지능은 탄생하지 못했습니다.

물론 연산처럼 몇몇 부문은 인공지능이 인간의 한계를 넘어섰다고 평가받기도 합니다. 하지만 인간의 뇌가 관장하는 수많은 일을 모두 해낼 수 있는 인공지능은 없어요. 인간의 뇌와 실력을 견주기에는 인공지능이 갈 길은 아직 멀었다고 볼 수 있습니다.

그렇다면 인간의 뇌는 어떻게 이 많은 정보를 동시에 처리하고 알맞은 명령을 내릴 수 있을까요? 좀 더 구체적으로 살펴보겠습니다.

신경 세포에서 벌어지는 일들

뇌는 우리가 받는 자극을 전기 신호로 바꿔서 받아들입니다. 신경 세포는 이 전기 신호를 전달하는 역할을 하지요. 뇌가 몸에서 받은 자극 정보를 처리하거나 뇌가 처리한 정보를 신경계를 통해 몸 곳곳에 전달하는 일을 합니다. 인간은 평균 1000억 개의 신경 세포를 가지고 있습니다.

신경 세포에는 핵이 있는 세포체와 신경 돌기가 있습니다. 신경이 자극(정보)을 받으면 이것이 전기 신호가 되어서 흐르다가 신경 돌

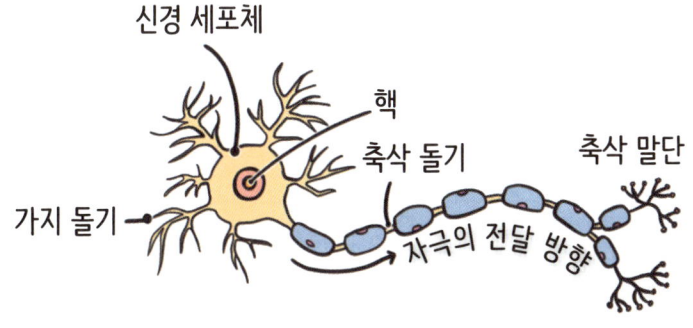

기에서 화학 물질(신경전달물질)로 변해 다른 뉴런의 신경 돌기로 전달하는 겁니다. 신경 돌기는 앞의 그림처럼 길고 가느다란 구조물로 세포체에서 뻗어 나와 있어 전기 화학적 신호를 받아 내지요.

 이렇게 신경 세포들은 수많은 돌기들이 정보를 주고받는 거대한 네트워크로 연결됩니다. 이 네트워크가 생각, 감정, 동작 등 인간의 생명 활동에 관한 모든 것을 결정한답니다.

 하나의 신경 세포에서 전기 신호가 발생하면 신경 세포 말단에 빠르게 도달해서 신경전달물질(신호를 전달하는 물질)을 분비합니다. 이 분비된 신경전달물질은 신경 돌기 가시와 다른 신경 세포가 만나는 부위인 시냅스를 통해서 다른 신경 세포에 도달한 후에 새로운 신호를 만들어 냅니다. 쉽게 말해서 시냅스는 신경 세포 간 전기화학 신호를 주고받아 정보 전달이 일어나는 공간인 셈이죠.

 신경 세포 하나가 보통 시냅스를 1000개에서 1만 개 이상 만듭니다. 뇌에만 10조에서 100조 개의 시냅스가 있습니다. 이렇게 많고 복잡하게 얽혀 있어서 뇌의 비밀을 푸는 데 많은 시간이 걸리는 거겠죠.

인간의 뇌를 따라 한 인공지능, 인공지능은 어떻게 학습할까요?

이렇게 복잡한 연결이 일어나는 인간의 뇌, 이 인간의 뇌를 과연 기계는 얼마나 따라 할 수 있을까요?

✦ 인공지능 학습 원리, 딥러닝

딥러닝은 인간의 신경망이 어떻게 학습하는지를 컴퓨터로 흉내 내서 만든 인공 신경망을 한 단계 성장시킨 기술입니다. 사람이 어떤 물체에 대해 학습하는 것을 예로 들어 보겠습니다.

컵을 한 번 볼까요? 여러분의 뇌는 컵을 보는 순간에 질감은 물론이고 색상, 크기, 정면, 상단, 입체 모습 등 매우 다양한 정보들을 얻습니다. 그 여러 정보들의 조합과 컵이라는 단어를 맞추지요.

이 정보들을 분류하고 조합하는 단계가 많으면 많을수록 컵을 더 잘 인식할 수 있습니다. 만약에 딱 한 번만 분류하고 조합한다면 어떨까요? 예를 들어 컵을 보는 순간 '둥글다'는 정보 하나만 얻었다면, 농구공을 보더라도 모두 컵이라고 생각하게 될 거예요. 그러면 컵이라는 물체를 학습하는 데 많은 오류가 생기겠지요. 농구공처럼 둥근 물체 중에는 컵이 아닌 것이 아주 많으니까요.

우리가 '컵'이라는 물체를 더 정확하게 인식하려면 '둥글다'는 정보 말고도 여러 가지 정보를 아주 많이 얻고 조합해서 그것이 '컵'임을 알아내는 단계들을 거쳐야 하지요. 예전의 컴퓨터는 이렇게 정보를 분류하고 조합하는 단계를 다섯 번 이상 넘기지 못했습니다. 그래서 예전에는 사람에 비해 인공지능의 능력이 현저히 떨어졌습니다.

그런데 2006년이 되자 상황이 달라졌어요. 인공 신경망 학습 단계를 다섯 번보다 훨씬 많은 단계로 늘리는 것에 성공했다는 논문들이 나오기 시작합니다. 이때부터 '딥네트워크', '딥러닝'이라는 용어를 사용하기 시작한 것이지요. 앞서 이야기한 정보를 분류하고 조합하는 단계를 '레이어(Layer)'라고 불러요. 이 레이어를 여러 단계로, 즉 '깊게(딥deep)' 깔고 또 깔아서 정보를 조합해 맞춰 가는 학습 과정을 '딥러닝'이라고 합니다.

학습중

딥러닝

딥러닝이 생겨나면서 인공지능은 스스로 공부하기 시작했습니다. 대표적인 딥러닝 인공지능인 알파고는 인터넷을 통해 수많은 기사들과 바둑을 두고 기보(바둑을 둔 내용)를 가져와서 학습했습니다. 이후에는 알파고끼리 서로 바둑을 두면서 성능을 높여 가는 강화 학습(Reinforcement Learning)까지 발전했지요. 경기를 마친 후에는 다시 경기를 복습하며 성능을 개선시키는 공부까지 진행했습니다.

★ 생성형 AI란?

최근에는 챗 지피티(ChatGPT)나 미드저니(MidJourney) 같은 생성형 AI가 큰 관심을 받고 있습니다. 챗 지피티는 우리가 하는 질문에 맞는 대답을 해 주는 AI입니다. 미드저니는 내가 그리고 싶은 그림의 키워드만 넣으면 멋진 그림을 그려 주는 AI이지요.

이 둘을 왜 생성형 AI라고 부를까요? AI가 주어진 데이터를 가지

고 인간의 지시에 따라서 새로운 콘텐츠를 만들어 내기 때문입니다.

챗 지피티는 엄청난 양의 문자 데이터를 훈련합니다. 이를 토대로 여러 가지 언어로 질문이 입력되면 그에 대해 인간과 유사한 응답을 만들어 주는 인공 신경망이라고 생각하면 됩니다.

미드저니는 사람이 입력한 텍스트를 이해하고 그 텍스트 속에서 시각적 개념을 뽑아내서 그 개념을 그림으로 변환해 줍니다.

챗 지피티나 미드저니 말고도 다양한 생성형 AI가 만들어지고 있습니다. AI는 사람의 지시에 따라 소설도 쓰고, 이메일도 작성해 주고, 사진도 편집하고 노래, 동영상까지 만들 수 있습니다. 앞으로 얼마나 더 많은 일을 할 수 있을지 사뭇 궁금해집니다.

정말 리즈처럼 전신 마비 환자도 소통할 수 있을까?

뇌가 무슨 활동을 하는지를 확인하려면 뇌의 움직임을 봐야 하는데, 그걸 직접 보기가 무척 어렵지요. 뇌는 단단한 두개골로 감싸여 보호되고 있기 때문입니다. 뇌의 움직임을 확인하기 위해 많은 과학 기술을 개발했고, 그중 뇌파 검사가 많이 쓰이고 있습니다.

뇌파(EEG, Electro Encephalo Graphy)는 뇌에 있는 신경 세포들의 전기 신호 활동들을 두피에 붙여 놓은 전극을 통해 간접적으로 측정할 수 있는 전기 신호입니다. 최초의 뇌파는 1875년 영국의 생리학자인 리처드 케이튼이 토끼와 원숭이의 뇌에서 검출한 것을 검류계에 기록한 것입니다. 사람의 뇌파는 1924년 오스트리아의 한스 베르거가 두개골이 손상된 환자의 두피 아래에 백금 전극 두 개를 삽입해서 실험한 것이 최초입니다.

사실 사람 두피에서 측정한 뇌파 신호의 원본은 해석하기가 어렵습니다. 그래서 뇌에서 나오는 전기 신호의 높낮이를 분류해서 사용하고 있습니다. 뇌파 신호를 특정한 높낮이로 분류하고 어떤 높낮이

한스 베르거

한스 베르거가 발견한 뇌전도

에서 어떤 특징을 보이는지 구분해 보는 거지요.

보통 전극을 통해 얻은 뇌파 데이터는 컴퓨터로 전송됩니다. 컴퓨터는 정해진 알고리즘에 따라서 데이터를 분석한 뒤에 해석한 결과를 내놓습니다. 뇌를 통해 얻게 되는 데이터양은 굉장히 많습니다. 이걸 데이터베이스로 만들어 미리 만든 건강한 정상 뇌의 데이터와 비교하는 방식으로 현재 뇌 활동을 확인하는 겁니다.

이야기에 나오는 P300파는 거짓말 탐지기를 대체할 수 있는 강력한 후보로 이야기되고 있습니다. P300파는 낯익은 물체를 보았을 때 0.3초 안에 격렬해지는 특징이 있거든요.

시카고 노스웨스턴대학교의 피터 로젠펠드 교수와 존 멕스너 연

구원이 「정신생리학(Psychophysiology)」이라는 학술지에 뇌파를 측정해 생각을 읽는 독심술 장치에 대한 논문을 발표했습니다. 바로 P300파를 이용한 장치로 실험을 하고 그 결과로 쓴 논문이었지요.

로젠펠드 교수팀은 대학생 29명을 대상으로 테러리스트를 찾는 실험을 진행했습니다. 우선 학생 12명에게 7월에 휴스턴에 폭탄을 설치하겠다는 계획을 세우라고 전달했습니다. 나머지 학생들에게는 각 도시에서 휴가를 보낼 계획을 짜라고 지시했습니다.

이후 학생들을 한 명씩 불러 머리에 뇌파 검출 장치를 씌우고 질문을 던졌습니다. 이런저런 도시 이름을 대다가 어느 순간 휴스턴이라는 도시 이름을 말했습니다. 그러자 휴스턴에 폭탄을 설치할 계획을 세운 학생들의 P300파가 요동을 치기 시작했습니다. 연구팀은 이 실험을 통해 12명의 테러리스트 중 10명을 찾아내는 데 성공했습니다. 물론 가짜 테러리스트였지만요.

이야기 넷

외할머니의 기억 속 브레인 탐정

브레인 탐정은 콧노래를 부르며 모니터를 들여다보았다. 모니터에는 멋진 풍경의 사진들이 펼쳐져 있었다. 바로 이번에 떠날 휴가지 후보들이었다.

'계속해서 일했으니 이번에야말로 좋은 경치도 많이 보고 푹 쉬어야겠어. 그래야 또 힘을 내서 사건들을 해결하지.'

이번 휴가는 브레인 탐정이 탐정 사무소를 연 이후에 처음으로 가는 휴가였다.

"오, 군산이네. 여기도 좋을 것 같은데?"

인터넷으로 여기저기 갈 곳을 찾아보는 것만으로도 벌써 휴가를 떠난 기분이었다. 지역마다 특색 있는 음식들도 많았다. 군산 여행지에서는 추천 음식으로 '박대구이'가 나왔다.

"박대구이!"

브레인 탐정의 탄성에 시냅스가 재깍 대꾸했다.

"박대는 참서대과 생선입니다. 서해안에서 나는 박대가 특히 유명하지요."

"시냅스, 내가 그걸 모를 것 같아? 군산에서는 잡은 박대를 어물전에서 말려서 파는데, 그게 또 예술이라고! 둘이 먹다 하나가 죽어도 모를 맛이지!"

"그걸 탐정님이 어떻게 아세요?"

"그야 우리 외할머니 고향이 군산이거든."

브레인 탐정은 서울에서 태어났지만 어렸을 때 외할머니 댁에서 지낸 적이 있어 전라도 음식을 많이 먹었다. 외할머니께서는 특히 박대구이를 자주 해 주셨다. 문득 브레인 탐정은 외할머니가 무척 보고 싶어졌다. 외할머니가 자주 해 주신 반찬인 '울외 장아찌, 간장게장'도 생각났다. 브레인 탐정의 뇌가 어릴 적 자주 먹던 음식들을 마구 떠올리고 있었다.

휴가지는 군산으로 결정했다. 외할머니를 뵈러 가기로 한 것이다. 짐을 꾸리는 브레인 탐정은 걱정스러운 마음이 앞섰다. 외할머니는 연세가 많아 건강이 좋지 않으셨다. 그래서 군산에 있는 요양원에서 지내고 계신다.

부모님이 일하시느라 바빴기 때문에 어릴 적 브레인 탐정은 외할머니 손에서 자랐다. 외할머니는 브레인 탐정이 엉뚱한 사고를 쳐도 항상 사랑으로 키워 주셨다. 그런 외할머니를 최근에 일이 바쁘다고 자주 찾아뵙지 못한 것이 마음에 걸렸다. 브레인 탐정은 무거운 마음으로 외할머니가 계시는 요양 병원에 전화를 걸었다.

"원장님, 제가 외할머니를 뵈러 갈까 합니다."

-아, 네. 알겠습니다. 그런데 할머니께서 잘 못 알아보실 수도 있어요. 너무 속상해하지는 마시고요.

요양 병원의 원장님은 외할머니가 기력이 없으셔서 주로 휠체어를 타고 다니신다고 설명했다. 최근에는 알츠하이머 증세가 심해지셔서 엄마도 잘 못 알아보신다고 했다. 브레인 탐정은 불안해졌다.

'설마 정말 나를 못 알아보실까?'

외할머니가 앓고 있는 알츠하이머는 치매를 일으키는 가장 흔한 퇴행성 뇌 질환이다. 서서히 기억력도 떨어지고 나중에는 몸도 제대로 움직이지 못하게 되는 무서운 병이다. 가장 두려운 점은 뚜렷한 발병 원인도, 정확한 치료 방법도 찾지 못했다는 사실이다.

요양 병원에 도착한 브레인 탐정은 초조한 마음으로 대기실에서 외할머니를 기다렸다. 요양 보호사님이 외할머니가 앉은 휠체어를 밀고 나타났다. 예전보다 훨씬 야윈 외할머니는 두툼한 회색 스웨터를 입고 분홍색 털모자를 쓰고 계셨다. 그리고 기운 없는 얼굴로 눈을 천천히 떴다 감았다 하셨다.

"할, 할머니."

브레인 탐정은 눈물이 쏟아질 것 같아 얼른 고개를 돌려 눈물을 닦아 내었다. 그러고는 웃으며 외할머니의 손을 꼭 잡았다.

"잘 계셨어요? 저, 영재예요."

브레인 탐정의 이름은 영재였다. 영재라는 말에 외할머니는 브레인 탐정의 얼굴을 바라보았다. 그러더니 천천히 말했다.

"우리 영재, 어디 있어요? 우리 영재가 똑똑하고 예쁘거든요. 좋아하는 박대도 이렇게 가져왔는데."

외할머니는 브레인 탐정이 손자라는 걸 알아보지 못하고, 손에 꼭 쥐고 있던 빵 봉투를 내밀었다. 할머니가 박대라고 말하는 빵 봉투를 잘 받은 브레인 탐정이 눈물을 꼭 참고 애써 웃었다.

"저 여기 있어요. 와, 박대구이 맛있겠네요."

아무래도 외할머니의 병세가 더 심해진 모양이었다. 아마 외할머니의 두뇌 속 여러 기억들이 연결되어 있는 기억망에서 '영재'라는 존재가 담긴 신경 연결망이 망가졌을 것이다.

알츠하이머 환자가 겪는 기억 문제는 단순히 깜박 잊는 건망증과는 전혀 다르다. 처음에는 기억을 단단하게 만드는 신경 시냅스와 기억을 꺼내는 곳의 신경 시냅스가 망가지기 시작한다. 그러다 시냅스와 연결된 신경 세포가 아예 죽어 버리며 기억 자체가 사라지게 된다.

환자는 시간이 지날수록 몇 분 전에 있었던 일, 어제 있었던 일을 자꾸 잊어버린다. 기억을 만들어야 하는 해마가 점점 줄어들기 때문이다. 병이 더 심해지면 뇌 전체에 문제가 생긴다. 이런 과정을 거쳐 브레인 탐정의 외할머니는 지금 어린 시절의 브레인 탐정만 알고 있다. 시간이 흘러 브레인 탐정이 성장한 모습은 기억하지 못하는 것이다.

"자주 오셨으면 좋았을 텐데. 할머니가 손자 이야기를 정말 많이 하세요."

요양 보호사의 말에 브레인 탐정은 마음이 더욱 무거워졌다. 브레인 탐정은 외할머니의 휠체어를 끌고 2층 테라스로 갔다. 테라스에는 햇볕도 따뜻하게 들고, 꽃도 예쁘게 피어 있었다. 브레인 탐정은 가방에서 외할머니가 좋아하는 초콜릿을 꺼내 할머니 입에 넣어 드렸다.

"아이고, 정말 맛있네. 고마워요. 여기 선생님들은 이거 못 먹게 하는데."

사실 요양 보호사분도 할머니의 간식으로 초콜릿을 잘 챙겨 드렸다. 그런데 외할머니는 초콜릿을 맛있게 드셨어도 그걸 먹었다는 걸 잘 기억하지 못하셨다.

브레인 탐정은 할머니와 함께 저녁을 먹었다. 요양 병원 식당에는 맛있고 영양분이 잘 담긴 식사가 나왔다. 그런데 외할머니의 표정은 뭔가 불편해 보였다.

"아유, 먹을 게 하나도 없네."

마치 반찬 투정을 하는 어린아이 같은 모습에 브레인 탐정은 부드럽게 미소 지었다. 그리고 커다란 가방에서 미리 사 온 박대구이와 간장게장을 꺼냈다. 외할머니의 밥 위에 박대구이 한 점을 올려놓자 외할머니 얼굴에 미소가 번졌다.

"맛있다!"

외할머니는 정말 맛있게 밥공기를 비우셨다. 얼마나 맛있었는지 두 그릇이나 드셨다. 저녁 식사를 한 후 브레인 탐정은 할머니와 휴게실에 가서 이런저런 이야기를 들려드렸다. 그간 탐정 사무소를 차리고 다양한 사건을 해결해 온 것을 이야기했다. 외할머니는 다 이해하셨는지 모르겠지만, 인자하신 표정으로 고개를 끄덕이셨다. 얼마 후 외할머니는 졸음이 오는지 하품을 하셨다.

"할머니, 피곤하시죠? 이제 주무시러 갈까요?"

외할머니는 고개를 끄덕이셨다.

"할머니, 영재 내일 또 올게요. 또 같이 박대구이 먹어요."

이윽고 요양 보호사님이 오셔서 외할머니의 옷매무새를 잘 다듬어 주시고 휠체어를 밀고 가셨다. 외할머니가 침실로 가시자 브레인 탐정은 터덜터덜 숙소로 향했다. 오늘 내내 울컥하는 마음을 다잡는 것이 힘들었는지 브레인 탐정도 곧 잠에 빠져들었다.

뺨-뺨-뺨-뺨~~.

얼마나 잠을 잤을까. 베토벤 교향곡 5번 운명의 도입부가 숙소 방 안에 울렸다. 바로 브레인 탐정의 휴대폰 벨소리였다. 비몽사몽 중

에 전화를 받은 브레인 탐정이 이내 벌떡 일어나 외쳤다.

"네? 할머니가 사라지셨다고요?"

수화기 너머로 요양 보호사님이 떨리는 목소리로 말씀하셨다.

-분명 새벽 2시까지는 계셨거든요? 혈압을 재려고 4시쯤 방에 갔더니 침대가 비어 있는 거예요. 화장실 문을 노크해도 잠잠해서 열어 보니 거기도 안 계셨어요.

외할머니가 아무 데도 안 계셔서 요양 보호사는 1층 출입문에 달린 CCTV를 보았다고 했다. 거기에는 느릿한 걸음으로 요양 병원 밖으로 가는 외할머니의 모습이 담겨 있었다.

-하필 경비 아저씨도 그때 화장실을 가셔서 못 보신 모양이에요. 밤길도 어두운데 어디로 가셨는지 모르겠어요. 어떡하죠?

브레인 탐정은 최대한 침착하게 상황을 파악하려고 애썼다.

"일단 주변을 더 찾아봐 주세요. 저도 얼른 갈게요."

-네. 알겠어요.

전화를 끊고 브레인 탐정은 겉옷을 대충 걸치고 바깥으로 나왔다. 하지만 어디서부터 할머니를 찾아봐야 할지 막막했다. 순간 외할머니가 자신의 이름을 기억했다는 게 생각났다. 아직 브레인 탐정이 어렸을 적의 기억은 간직하고 계시지 않을까?

'옛날 집. 혹시 거기로 가셨을까?'

브레인 탐정이 어렸을 때 살았던 옛날 집은 병원에서 그리 멀지 않은 곳에 있었다. 그 후로 몇 번 이사를 가긴 했지만 가장 오래 살았던 집은 브레인 탐정이 초등학교에 들어가기 전에 지냈던 마당이 너른 집이다. 가장 어렸을 때 지냈던 집. 가장 오랜 기억 속의 집이었다.

'그 집이 아직 있을까? 있다 한들 이제는 다른 사람이 살고 있을 텐데.'

브레인 탐정은 서둘러 발길을 옮겼다. 고민할 시간이 없었다. 외할머니가 길에서 넘어지시거나 쌩쌩 달리는 차도에 실수로 들어서기라도 한다면 큰일이다.

브레인 탐정은 헉헉 숨을 몰아쉬며 옛날 집에 도착했다.

"할머니……."

외할머니는 옛날 집 대문 옆에 쭈그려 앉아 계셨다. 브레인 탐정은 서둘러 겉옷을 벗어 외할머니 어깨에 둘러 주었다.

"아이고, 젊은이. 여기가 우리 집인데 대문이 잠겨 있어요. 우리 손자가 온다고 했거든요. 내가 없으면 우리 손자가 놀랄 텐데."

외할머니는 브레인 탐정이 아까 "영재 내일 올게요."라고 했던 말

을 어렴풋이 기억하셨던 모양이었다. 손자가 올 테니 집에 가서 기다려야겠다고 생각하신 것이다. 할머니에게는 아직 예전에 브레인 탐정과 함께 살던 집에 대한 기억이 남아 있었다. 무의식적으로 집으로 돌아오는 길을 걸어와서 이곳에 도착한 것이었다. 브레인 탐정은 외할머니를 안고 눈물을 흘렸다.

"할머니, 영재가 조금 늦는다고 전화했어요. 요양 병원에 계시면 거기로 올 거예요."

"여기가 우리 집인데 왜 요양 병원으로 와요?"

"거기 계신 분을 뵈러 가야 해서요. 저랑 같이 가서 기다려요. 네?"

브레인 탐정은 외할머니를 등에 업었다. 어릴 적 자신을 지켜 주는 큰 산처럼 보였던 외할머니가 너무 가벼워서 또 코끝이 찡해졌다. 알츠하이머로 기억이 지워져 가는데도 손자가 좋아했던 음식, 손자와 함께했던 곳은 아직까지 기억하고 계셨다.

'할머니가 어린 나를 업었을 때도 이렇게 따뜻했을까?'

브레인 탐정은 할머니를 업고 돌아가는 길이 끝나지 않았으면 했다. 그리고 얼른 할머니의 병을 치료할 방법이 나오기를 간절히 바랐다.

뇌는 기억을 어떻게 저장하고 떠올릴까요?

기억이란 무엇일까요? 학교에서 배운 지식들, 어제 먹은 햄버거 메뉴, 어릴 적 본 애니메이션 주제가도 기억이라고 할 수 있어요. 또, 자전거 타는 법, 신발 끈을 묶는 법도 기억입니다. 이들의 공통점은 학습 과정이 필요하다는 것이지요. 예전에 학습한 것을 다시 떠올려서 하는 것입니다.

뇌 과학 측면에서 학습은 무엇일까요? 학습할 때 뇌 신경 세포가 일하는 과정은 이렇답니다. 바로 ==우리가 특정한 일을 경험할 때 활동했던 신경 세포를 변형시켜 놓고 나중에 필요할 때 다시금 꺼내==

쓸 수 있도록 하는 과정이 학습이에요. 다시 활동하게 된 신경 세포(뉴런)는 학습된 경험을 '기억'해내고 그 경험 정보를 다시 사용할 수 있도록 조립합니다.

이 기억들은 우리 뇌의 여러 영역에 나뉘어 저장됩니다. 아직은 어떤 기억이 어디에 저장되는지 정확한 위치를 알 수 없습니다. 우리 뇌는 컴퓨터처럼 저장 장소가 딱 정해져 있지 않기 때문입니다.

지금 당장 가장 좋아하는 아이돌 멤버를 떠올려 보세요. 작고 예쁘장한 얼굴, 멋진 헤어스타일, 목소리, 무대 의상, 방송 출연 등 엄청나게 많은 정보가 생각날 겁니다. 이 정보들은 모두 나누어져서 여러분 뇌 전체에 골고루 저장됩니다. 지금 여러분 머릿속에 떠오른 아이돌의 모습은 뇌 여기저기 흩어져 있는 정보를 열심히 찾아와서 조립한 결과입니다.

기억과 학습은 내게 맡겨! 해마가 하는 일

이렇게 학습 정보를 수집해서 뇌 곳곳에 저장하고, 필요할 때 저장된 정보를 다시 찾아서 모으는 일을 뇌 속의 해마가 담당합니다. 해마는 측두엽의 안쪽 깊숙하게 자리합니다. 우리가 하는 학습은 끊

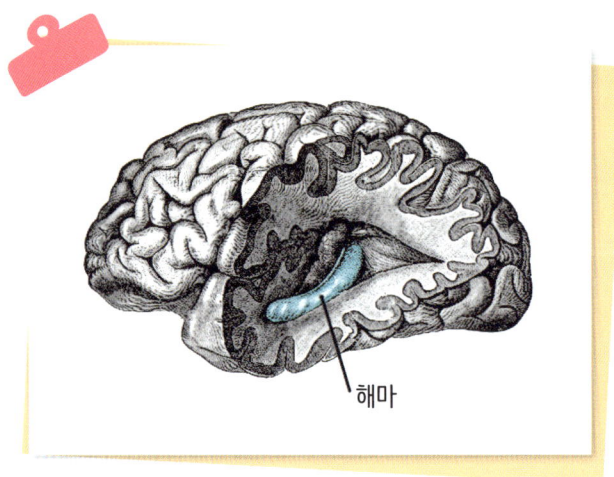

해마

임없이 해마를 통과해서 뇌 전체로 퍼져 나갑니다. 반대로 저장된 기억을 떠올릴 때도 해마가 바쁘게 일하지요.

신경 세포는 모두 연결되어 있습니다. 이걸 신경 회로 혹은 뉴런 네트워크라고 부릅니다. 하나의 신경 세포에서 전달하는 신호는 신경 세포와 신경 세포를 거쳐 쭉 흐릅니다. 만약 여러분이 지금 아이돌 얼굴은 생각났는데 이름이 떠오르지 않는다면 어딘가 신경 회로의 흐름이 막힌 겁니다. 하지만, 보통은 여러 가지 이유로 막혔던 신경 회로가 다시 뚫리고 이름이 기억나지요.

==해마가 관리하는 기억은 아이돌 모습처럼 우리가 말로 이야기할 수 있는 기억입니다. 이것을 '서술 기억'이라고 합니다.== 반면 ==의식하==

<mark>지 않아도 쉽게 잊히지 않고 자연스럽게 남아 있는 기억</mark>, 예를 들어 젓가락을 잡는 습관이라거나 자전거를 타는 기술 같은 기억은 '<mark>비서술 기억</mark>'이라고 합니다. 비서술 기억은 해마가 아니라 기저핵, 소뇌, 편도 등에서 담당합니다.

서술 기억과 비서술 기억을 맡은 뇌 부위가 다른 걸 어떻게 알았을까요?

후천적으로 해마를 손상당한 헨리 몰레이슨이라는 환자가 있었습니다. 이 사람은 경련과 발작을 일으키는 질환인 뇌전증을 심하게 앓았습니다. 검사를 해 보니 해마가 뇌전증을 일으키는 병소(병이 난 자리)로 확인되었지요. 그래서 헨리가 20대 중반이었던 1952년

101

에 해마를 포함한 내측두엽을 잘라 내는 수술을 받았습니다.

그런데 그 이후 헨리는 새로운 서술 기억을 할 수 없게 되었습니다. 수술 전에 학습한 서술 기억은 온전히 가지고 있었지만 새롭게 기억하는 데 큰 장애를 얻게 된 겁니다. 하루하루 겪는 일이 뇌 속에 남긴 했지만 불과 몇 초, 길어야 몇 분밖에 남지 못했습니다.

헨리는 서술 기억은 못했지만 운동 기억에는 문제가 없었다고 합니다. 수술 후에 탁구를 배웠는데, 시간이 지날 때마다 실력이 계속 늘었습니다. 다만 자신이 탁구를 배웠다는 사실은 기억하지 못했습니다.

알츠하이머는 뇌에 어떤 변화를 줄까요?

브레인 탐정의 외할머니가 앓고 있는 알츠하이머는 치매를 일으키는 가장 흔한 뇌 질환입니다. 치매는 기억을 잃는 무서운 병으로 알려져 있습니다.

만일 치매가 공간 정보를 담당하는 두정엽까지 침범하면 어떤 일이 생길까요? 집에 가야 하는데 가는 길이 생각나지 않게 됩니다. 전두엽까지 병이 번지면 의사 결정을 하지 못하게 되지요. 바깥에

눈이 내리는데, 반소매 옷을 입고 나가는 상황이 생길 수도 있습니다. 만일 편도체와 변연계까지 망가진다면 성격까지 변합니다. 감정 제어가 되지 않아 갑자기 화내거나 우는 일이 잦아지지요.

==치매는 서술 기억이 아니라 비서술 기억까지 영향을 미칩니다.== 자전거를 잘 타던 사람이 자전거 타는 법을 잊어버리고 젓가락으로 음식을 집는 행동을 하지 못하게 되지요. 이 야속한 병은 가장 오래된 기억이 보관된 신경 정신망까지 망가뜨립니다.

미래의 뇌 과학이 할 수 있는 일들에 대해

뇌는 정말 신기하고 어려운 존재입니다. 인간은 뇌가 해내는 아주 기본적인 기능을 알아내는데도 엄청난 시간이 걸렸지요. 그리고 아직 우리는 뇌에 대해서 아는 것보다 모르는 것이 더 많습니다. 그래서 수많은 뇌 과학자들이 뇌를 생물학적이나 의학적으로 알아보려는 시도를 계속하고 있습니다. 수학이나 물리학을 이용해 뇌의 비밀을 풀려고도 노력하지요.

비밀에 싸여 있는 만큼 뇌에 대해 하나씩 알아가는 성취감은 무척 큽니다. 그렇게 풀어 나가는 비밀이 인류 발전에 엄청난 역할을 하

기 때문에 더욱 보람찰 겁니다.

대표적으로 팔다리나 눈, 코 등 우리의 감각을 대신할 수 있는 인공 자원들을 만들어 낼 수 있을 겁니다. 또 사람이 어떻게 사고하고 판단하는지를 완벽하게 알아낼수록 이것을 모방한 정보 처리 기술을 개발할 수 있겠죠.

지금도 다양한 곳에서 뇌 연구를 하고 있습니다. 가장 대표적인 곳이 '한국뇌연구원'입니다. 이곳에서는 뇌 분야에 관한 연구는 물론이고 뇌 분야 학계와 연구 기관, 그리고 산업계가 서로 협력해서 발전해 나가도록 돕고 있습니다.

뇌의 비밀을 더 알게 된다면 지금보다 더 똑똑한 인공지능을 만들 수도 있고 치매 같은 뇌 질환으로 고통받는 환자들을 도울 수 있을 것입니다. 컴퓨터공학, 로봇공학, 수학적 모델링, 재료공학, 기계공학 등 다른 공학들과 융합해서 사람을 더욱 건강하고 편리하게 해 줄 겁니다. 뇌는 우리에게 우주나 바닷속을 탐구하는 것만큼이나 신비로운 세계를 접할 기회를 선물합니다. 밝혀야 할 비밀도 우주나 바닷속만큼 많이 남아 있답니다.

참고 문헌

- 강봉균, 강웅구, 권준수 외, 『뇌 Brain-렉처 사이언스 KAOS 02』, 휴머니스트, 2016
- 존 아덴, 『브레인 바이블』, 시그마북스, 2015
- 박문호, 『박문호 박사의 뇌과학 공부』, 김영사, 2017
- 리타 카터, 『DK 인간의 뇌』, 김영사, 2020
- 제프 호킨스, 『천개의 뇌, 이데아』, 2022
- 도나 잭슨 나카자와, 『너무 놀라운 작은 뇌세포 이야기』, 브론스테인, 2021
- 질 볼트 테일러, 『나를 알고 싶을 때 뇌과학을 공부합니다』, 월북, 2022
- 디크 스왑, 『세계를 창조하는 뇌, 뇌를 창조하는 세계』, 열린책들, 2021
- 정재승, 『열두 발자국』, 어크로스, 2018
- 이시우라쇼이치, 『뇌신경 구조』, 성안당, 2021
- 야마모토 다이스케, 『3일 만에 읽는 뇌의 신비』, 서울문화사, 2002
- 매튜 콥, 『뇌 과학의 모든 역사』, 심심, 2021
- 정재승, 정용, 김대수 공저, 『1.4킬로그램의 우주, 뇌』, 사이언스북스, 2014
- 윌 외스트뷔, 힐데 외스트뷔, 『해마를 찾아서』, 민음사, 2019
- 리사 제노바, 『기억의 뇌과학』, 웅진지식하우스, 2022
- 딘 버넷, 『엄청나게 똑똑하고 아주 가끔 엉뚱한 뇌 이야기』, 미래의창, 2018
- 윤은영, 『뇌에 관한 75가지 질문』, 학지사, 2018
- 에릭 켄델, 『마음의 오류들』, 알에이치코리아(RHK), 2020
- 김종영 기자, 「[4차 산업 생생 용어] 인간의 뇌와 컴퓨터를 연결한다…

BMI란?」, 조선비즈, https://biz.chosun.com/site/data/html_dir/2017/07/30/2017073001633.html

- 윤상석 작가, 「뇌파로 사람의 마음을 읽다」, 사이언스타임즈, https://www.sciencetimes.co.kr/news/뇌파로-사람의-마음을-읽다/
- 김제관 기자, 「[재미있는 과학] 꿈틀대는 뇌파로 진범 가려낸다」, 매일경제, https://www.mk.co.kr/news/economy/4777601
- 김도영, 이재호, 박문호, 최윤호, 박윤옥, 「뇌파신호 및 용용기술동향」, ETRI, https://www.etri.re.kr/webzine/20170630/sub04.html
- 윤태희 기자, 「개는 사람의 말을 얼마나 이해할까? 뇌파 측정으로 확인」, 서울신문, https://nownews.seoul.co.kr/news/newsView.php?id=20201209601007
- 박정연 기자, 「美 인간 '뇌 지도' 만드는 프로젝트에 5억 달러 투자」, 동아사이언스, https://m.dongascience.com/news.php?idx=56369
- 송민령, 뇌과학, 인공지능과 우리, 사이언스온, http://scienceon.hani.co.kr/ 564392(//페이지 삭제됨)
- 「감정을 인지하는 나침반, 뇌-'우리는 희로애락을 어떻게 인지할까?'」, 기초과학연구원, https://www.ibs.re.kr/cop/bbs/BBSMSTR_000000000901/selectBoardArticle.do?nttId=16124&pageIndex=1&mno=sitemap_02&searchCnd=&searchWrd=

교과연계

5학년 1학기 과학
1. 과학자는 어떻게 탐구할까요?

5학년 1학기 과학
5. 다양한 생물과 우리생활

6학년 2학기 과학
4. 우리 몸의 구조와 기능

6학년 실과(교학사)
5. 발명과 로봇

공부가 되고 상식이 되는! 시리즈

1. **신 나는 법 공부!**
   장보람 지음, 박선하 그림 | 168면 | 값 11,000원

2. **미래를 살리는 착한 소비 이야기**
   한화주 지음, 박선하 그림 | 148면 | 값 11,000원

3. **적금은 뭐고 펀드는 뭐야?**
   김경선 지음, 박선하 그림 | 120면 | 값 11,000원

4. **미래를 이끄는 어린이를 위한 소셜 미디어 이야기**
   한현주 지음, 박선하 그림 | 152면 | 값 11,000원

5. **어린이를 위한 인공지능과 4차 산업혁명 이야기**
   김상현 지음, 박선하 그림 | 163면 | 값 12,000원

6. **미래를 위한 따뜻한 실천, 업사이클링**
   박선희 지음, 박선하 그림, 강병길 감수 | 144면 | 값 12,000원

7. **어린이를 위한 따뜻한 과학, 적정 기술**
   이아연 지음, 박선하 그림 | 160면 | 값 12,000원

8. **지구와 생명을 지키는 미래 에너지 이야기**
   정유리 지음, 박선하 그림 | 162면 | 값 12,000원

9. **어린이를 위한 동물 복지 이야기**
   한화주 지음, 박선하 그림 | 166면 | 값 12,000원

10. **생명을 위협하는 공기 쓰레기, 미세먼지 이야기**
    박선희 지음, 박선하 그림 | 160면 | 값 12,000원

11. **어린이를 위한 4차 산업혁명 직업 탐험대**
    김상현 지음, 박선하 그림 | 167면 | 값 12,000원

12. **지구가 보내는 위험한 신호, 아픈 바다 이야기**
    박선희 지음, 박선하 그림 | 161면 | 값 12,000원

13. **어린이가 알아야 할 가짜 뉴스와 미디어 리터러시**
    채화영 지음, 박선하 그림 | 144면 | 값 12,000원

14. **세상을 따뜻하게 만드는 착한 디자인 이야기**
    정유리 지음, 박선하 그림 | 155면 | 값 12,000원

15. **어린이를 위한 미래 과학, 빅데이터 이야기**
    천윤정 지음, 박선하 그림 | 159면 | 값 12,000원

16. **어린이를 위한 가상현실과 메타버스 이야기**
    천윤정 지음, 박선하 그림 | 152면 | 값 12,000원

17. **지구와 미래를 위협하는 우주 쓰레기 이야기**
    김상현 지음, 박선하 그림 | 136면 | 값 12,000원

18. **환경을 지키는 지속 가능한 패션 이야기**
    정유리 지음, 박선하 그림 | 152면 | 값 12,000원

19. **경제를 아는 어린이로 이끌어 주는 주식과 투자 이야기**
    김다해 지음, 박선하 그림 | 156면 | 값 12,000원

20. **기후 위기 시대, 어린이를 위한 기후 난민 이야기**
    박선희 지음, 박선하 그림 | 144면 | 값 13,000원

21. **어린이가 알아야 할 바이러스와 팬데믹 이야기**
    정유리 지음, 박선하 그림 | 131면 | 값 12,000원

22. **디지털 미래의 어두운 그림자, 전자 쓰레기 이야기**
    김지현 지음, 박선하 그림 | 116면 | 값 13,000원

23. **미래를 살아갈 어린이들이 꼭 알아야 할 민주주의와 선거**
    천윤정 지음, 박선하 그림 | 142면 | 값 13,000원

24. **어린이가 알아야 할 식량 위기와 미래 식량 이야기**
    박하연 지음, 박선하 그림 | 104면 | 값 13,000원

25. **AI시대, 어린이를 위한 질문의 힘과 AI 리터러시**
    정유리 지음, 박선하 그림 | 136면 | 값 13,000원